# 民間俗神

作者 ◎ 馬書田

風格司藝術創作坊

謹以此書獻給生我養我的母親和父親。他們是最普通的中國人，也是最辛勞最善良的中國人。

# 作者簡介

馬書田，一九四六年生，北京人。原籍河北新成。現為中國少年兒童出版社編輯，中國楹聯學會暨中國俗文學學會、北京詩詞學會理事，中國民俗學會暨中國紅樓夢學會會員。

主要著作有《千年對聯佳話》、《中國紅樓夢大辭典》（哲理宗教部分）、《中國小說大辭典》（明清小說部分）、《華夏諸神》、《超凡世界》、《華夏諸神祖廟》、《全像中國三百神》等，凡二百萬字。其中《華夏諸神》在一九九〇年圖書評比中獲獎。

# 目錄

附錄三　重要神祇及其相關寺廟一覽表

部分參考書目

# 前言

人類賴以生存的地球，已存在五十億年了。在人類出現之前的漫長歲月裏，宇宙間本無什麼所謂「神」的，只是有了人類以後，隨之而出現了神。人類創造了自己的人類社會，同時又創造出主宰自己命運的神的世界。從最初的神誕生之日起，人的世界便再也沒有離開過神。中國是個富有造神傳統的國家，可謂時間久遠，數量衆多，品種齊全。相當長的時期內，名目繁多的神鬼仙佛充斥著中國大地。

人總得有點精神寄託，心靈慰藉和心態平衡，總之，人人都嚮往幸福。在古代生活決非樂園和淨土，人們有時得到的往往是種種不公平，乃至沒完沒了的天災人禍，於是神佛站了出來。

神佛是人們編織出來的美夢。夢想發財者、當官者，至夢想長生、得子、求偶……者，都可以找到相應的神明。諸神可以滿足世俗的一切願望！馬克思說過：「宗教是人民的鴉片。」這是因爲諸神能給人帶來幻想的幸福。於是，無數善男信女可憐巴巴地匍伏於泥胎木像面前。

這是人類文明史上的喜劇？還是悲劇？

記得從我懂事起，就相信「鬼」與「神」的存在。那時，從大人們口中聽來的，沒有什麼「白雪公主」和「大灰狼」之類，差不多全是些鬼怪狐仙。鬧得我小時候，天一黑就不敢出家門，以至多少年後還疑神疑鬼，自己嚇唬自己。隨著年齡增長，逐漸明白了，當初大人們那些活靈活現的鬼神故事並不是那麼一回事。雖說諸神在我心目中大大貶值，但對他們的來歷卻產生了好奇，並日漸濃厚起來。我曾恭敬地向一些老僧老道討教諸神來歷，但答案往往令人失望甚至好笑，有些出家人乾脆不屑「賜教」。詢問那些善男信女，更是不知所云。

中國的佛教、道教信徒到底有多少，沒有公佈過，而崇拜福祿壽喜財這些俗神的人數，更無法計算，再加上許許多多對諸神感興趣的人，我想，這個總數決不會是一個小數！有如此眾多的同胞與諸神有關，若能追本溯源，對諸神來歷作一番探討，豈不是一件大功德？今後，或許多了一些明白者，而少一些盲目者，這對國家對人民豈不又是一件大功德？再者，也可滿足廣大宗教與民俗愛好者的需要。

中國是個富有傳統的文明古國，可惜，有些傳統並不「文明」。造神、迷信的傳統，不幸「傳」到了電子時代的今天，前些年的造神運動和現代迷信，令古人望塵莫及。數千年來的造神和迷信，造得中國人自卑，盲從，痲木。

基於以上想法，我寫了這本《華夏諸神》。

爲了論述和讀者閱讀的便利，我將諸神分爲三部份：道教諸神，佛教諸神，還有道、佛味道都不太濃的民間俗神，分別按級別高低排列（一些功能相似的神和大神的屬神排在了一起，前邊的序號也並非完全表示級別高低），但其中有些神有交叉，有些級別也很不明顯，只能大體如此。

本書收神三百來個，因時間所限，有相當數量（至少有同樣數目）的神明未及收納進來。作者在繼續做這一工作，並加上兄弟民族信仰諸神，數年後增訂或出續集，使之成爲一部完備的《中國諸神全書》。

拙著草成，舛誤不少。望廣大讀者指正。

馬書田

# 一、炎帝

我國是一個以農業立國的文明古國，遠在七八千年前，我國的黃河、長江流域即已有了一定水平的原始農業。長期以來，我國農業耕作技術在世界上一直處於領先地位，對人類文明作出過巨大貢獻。這種優勢一直保持到近代農業出現之前。

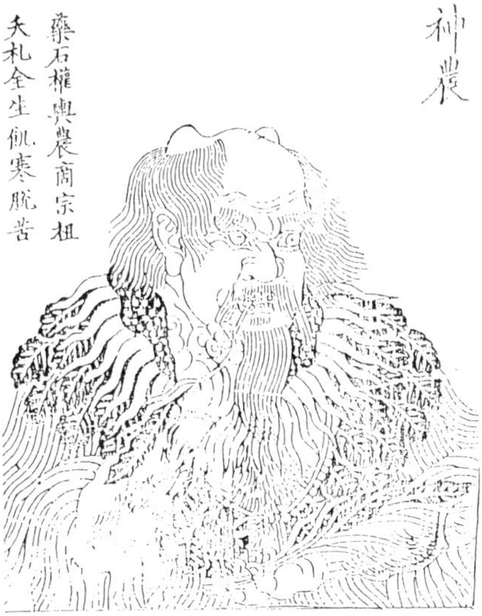


炎帝　（明）

中國的農業開創，是與炎帝神農氏分不開的，炎帝是中國農耕文化的創始者，爲中華文明作出了偉大貢獻，他與另一位偉人黃帝軒轅氏一起，被尊爲中華民族的始祖神。

炎帝神農氏是我國古代神話傳說人物

。據《國語》等史書說，有熊氏的首領少典娶了有蟜氏的女子，生下黃帝和炎帝。黃帝成長於姬水之濱，而炎帝長於姜水之濱，於是黃帝姓姬，炎帝姓姜。

炎帝作爲始祖神和農神，他的經歷被古人披上了許多神異色彩。《三皇本紀》稱，炎帝之母女登去華陽遊玩時，「感神龍而生炎帝」，即與神龍相交配而後生下了炎帝。炎帝生得是「人身牛首，長於姜水」。所謂「牛首」，當是炎帝氏族以牛爲其氏族圖騰——原始宗教崇拜。原始社會繼漁獵經濟之後，便出現了農業經濟，農業的開創與發展，是遠古先民征服大自然的偉大勝利。人類已由單純依靠天然產品爲生進步爲主要依靠自己創造的產品爲生，人類已脫離了原始狀態，邁進了文明世界的門坎。漁獵時代作爲一種重要家畜的牛，在農業時代作爲最主要的畜力，更顯示出不可缺少的突出作用。於是神農身上有著牛的形象，也就不奇怪了。

神農的神異還有「天雨（意爲落下）粟」（《繹史》）、「九井自穿（許多井泉湧出了水）」（《水經注》）等傳說。

炎帝神農氏在農業上最重要的貢獻是，他發明了耒耜、斧頭、鋤頭等生產工具，教民耕種。神農讓人們栽桑種蔴，用蠶絲蔴線織出布帛，做出衣裳。神農發明了製造陶器，便利了人們的生活。他又倡行日中爲市，首闢市場。神農還製作了五弦琴來演奏，活躍人們的文化生活。

炎帝神農氏的另一突出的貢獻，是他「始嚐百草，始有醫藥」（《史記·補三皇本紀》），成爲醫藥神即我國醫藥的始祖。他嚐百草，開創了中藥學，用草藥救活了許多人。爲紀念這位藥神，我國最早的一部藥物學專著即命名爲《神農本草經》（成書於西漢初年，作者失傳）

。

炎帝氏族後與黃帝氏族聯合，協力擊敗南方強敵九黎族於涿鹿（今屬河北）之野，擒殺了蚩尤。炎帝、黃帝遂結成強大的炎黃部落聯盟，黃帝成爲總首領。炎帝晚年巡遊南方時，積勞成疾去世。一說爲民治病，因嚐毒草，不幸身亡。炎帝神農氏「葬於長沙茶鄉之尾，是日茶陵」，即今酃（音靈）縣康樂鄉。公元九六七年，宋太祖派人遍訪全國古陵，終於在湖南茶陵覓得炎帝陵，於是建廟祭祀，即今炎帝陵。距今已有一千多年歷史。

炎帝陵按皇宮式樣建造，氣勢宏偉，巍然壯觀。整個陵殿共分五進：第一進爲午門，門內有丹墀，左右兩廊爲碑房，樹立歷代告祭文碑。第二進爲行禮亭。第三進爲正殿。第四進爲墓碑亭。亭內石碑刻「炎帝神農氏之墓」。第五進爲炎帝神農氏陵寢。炎帝陵與黃帝陵一樣，是中國人民心中的聖地，每年有無數尋根謁祖的海內外炎黃子孫來到這裏瞻仰朝拜。

在傳說炎帝出生地的陝西寶雞市渭河南岸峪泉村，有炎帝神農祠。祠內正殿供神農塑像，東西建有配殿、龍王殿、鍾亭、魁星亭等。祠外還有一泉名九龍泉。相傳炎帝神農氏之母生下他後，抱至九龍泉內沐浴，後並在此撫養神農長大。後人遂在此修祠紀念。此處南依秦嶺，北臨渭水，風景優美。

# 二　黃帝

自古以來，神州大地被稱爲「炎黃故土」，中華民族被叫做「炎黃子孫」。這「炎黃」，即指炎帝和黃帝，他們是我們中華民族的始祖，也是開創黃河文明和長江流域文明的始祖。炎黃的後代，春秋時自稱「諸夏」或「華夏」。「夏者」，大也；「大國曰夏」（《尚書·武成》疏）。「夏」又指「中國（中原地區）之人」（《說文·文部》）。「華」者，榮也、美也。「華夏」意爲繁榮美好的中原地區，那裏繁衍著强大的國家和民族。「華夏」是漢族的前身，華夏族認爲中原居四方之中，故把居住地區稱爲「中華」。原僅指黃河流域而言，後凡所流轄，皆稱中華，亦稱中國。「中華民族」則逐漸成爲我國各民族的總稱。

我們民族的始祖神黃帝是個神話傳說人物。他是傳說中的我國原始社會末期，一位偉大的部族首領。黃帝是有熊氏首領少典之子，因長於姬水，而姓「姬」。因曾居於軒轅之丘（今河南新鄭縣軒轅丘），取名「軒轅」。祖籍有熊氏，又號「有熊」。又因崇尚土德，土呈黃色，故稱「黃帝」。其部落原定居於西北高原。

黃帝以其懲罰邪惡，首次統一我中華民族的偉績而載入史冊，備受世代人民敬仰。遠古時，中國境內居住許多民族，當時諸夏爲一族，主要分爲兩支：一爲姜姓的炎帝，一爲姬姓的黃帝。黃帝族與炎帝族是兄弟族，都是有熊氏首領少典的後代。

傳說當時南方九黎族的首領蚩尤强悍兇猛，經常侵擾其他部族。炎帝族被蚩尤打敗，便向黃帝求援。另一種傳說是，「黃帝行道而炎帝不聽，故戰於涿鹿之野」（《繹史》卷五），最後黃帝戰勝了炎帝，遂合併爲一。黃帝率衆部族在涿鹿（今屬河北）迎擊蚩尤。雙方戰鬥異常激烈，蚩尤戰敗被殺。黃帝部族和炎帝部族合併後，統稱華夏族。黃帝被推爲炎黃部落聯盟的首領。從此，就出現了偉大燦爛的華夏文化。

傳說，黃帝和幾個大臣研究制定了天文曆法。黃帝的史臣倉頡創造了文字。黃帝的妻子嫘祖教會了人們養蠶製絲。黃帝還發明了造車，他的名字「軒轅」，就與造車有關。黃帝還發明創造了宮室、算數、音律等。其實這些發明創造絕非一人一時之功，我國向有「功歸聖人」的傳統，黃帝既是華夏之祖神，自然也就把一切遠古文明的發明權都歸功於黃帝了。

黃帝　（明）

黃帝作爲中華民族的始祖，也被古人大大地神化了一番。說黃帝的母親無天大聖后受「大雷電繞北斗樞」的感應而生黃帝，他生下後是「黃龍體」，並長有「四面」，他生而神明，馭百神，制四方，主司風雨雷電，進而又成爲創造天地萬物之神、中國式的「上帝」。

傳說黃帝享年一一〇歲，在位一〇〇年。到了晚年，自己選擇了一個仙逝的日子，到了這一天，他和臣下辭別而逝，葬於橋山。黃帝陵墓在陝西、甘肅、河南、河北各有一座，但以陝西橋山的黃陵最爲著名。

《史記·五帝本紀》載：「黃帝崩，葬橋山。」橋山黃帝陵在陝西黃陵縣城北一公里的橋山之上。橋山形如拱橋，因此得名。山下有沮水環繞，山上古柏森森，鬱鬱參天。到達山頂，只見路旁有一下馬石，上刻「文武百官到此下馬」。古代凡祭陵者，均須在此下馬，然後步行到陵前。陵前有一座祭亭，亭中立一高大石碑，上書「黃帝陵」三個大字。亭後又有一塊石碑，寫有「橋山龍馭」四字，再後即是黃帝陵了。黃帝陵位於山頂正中，向南，陵冢高三·六米，周長四十八米，有磚砌花墻圍護，莊典肅穆。

橋山東南山麓有著名的黃帝廟，此廟又稱軒轅廟。初建於漢代，歷代有重修。黃帝廟成四方形，門額大書「軒轅廟」三字，東西兩旁各有一個側門。廟內左邊有一巨柏，高十九米，樹幹下圍十米，需七人伸開雙臂，方能合抱。堪稱衆柏之冠，此柏傳爲黃帝親手種植，叫「黃帝手植柏」，至今已有四千餘年，仍然枝幹蒼勁，柏葉青翠。大殿宏偉壯觀，門額高懸「人文初祖」大匾，殿內正中設有富麗堂皇的巨大黃帝牌位，上書「軒轅黃帝之位」。廟內尚有石碑七十餘通，爲明清時所立，刻有歷代皇帝祭祀黃帝的碑文。

抗日戰爭高潮之際，各界知名人士倡立清明爲「民族掃墓節」。在這一天恭祭黃帝陵便沿襲下來。一九三七年清明節，正值第二次國共合作時期，兩黨均派重要官員抵黃陵一起恭祭民族始祖。以後，黃陵得到修整，今已修建好山門五間、碑室五間、廳房七間、宮殿式大殿七間等。黃帝陵廟正以嶄新容貌，接受海內外炎黃子孫的祭拜。

爲了永久地紀念中華民族偉大的始祖神炎黃二帝，在黃河南岸距京廣鐵路大橋附近的始祖山（原名小頂山）上，雕鑿了炎黃二帝巨型塑像。巨像總高達一百米，其中山高八十二米作爲像身，山頂建頭像高十八米。巨像背南朝北，面對黃河。人們坐在過往的列車上，均可觀瞻炎黃始祖的雄偉形像。巨像前三百米處，還建有一處十三米高的巨大青石祭壇。祭壇分爲上下兩層，上層是祭壇，下層爲先賢館。祭壇至軸線的神路兩側，安置七米高的鑄銅大鼎九尊，以取九洲四方江山永固之意。祭壇至黃河建有一條長二百餘米、寬十七米的壇道，壇道兩旁栽種松柏，並設有編鐘聲磬等禮器，象徵著華夏國泰民安，風調雨順。

巨像內部是拱形藝術大廳，壁上繪製大型壁畫。共包括天象、漁獵、農耕、百草、石器、陶器、冶煉、兵器、科技、文化十大藝術宮。整座展覽廳充分展示了光輝燦爛的黃河文化史，是一部中華民族生產力、生產關係的發展史，是一部中華民族的開拓創業史。

炎黃二帝巨型塑像的建成，將成爲世界雕塑之最，對全球的炎黃子孫將會產生巨大的凝聚力。這裏將成爲海內外炎黃子孫尋根訪祖、禮拜始祖的又一聖地。

# 三　女媧

中國古神譜中，有一位名氣最大的女性神，她就是女媧娘娘。女媧是被民間廣泛而又長久崇拜的一位古神。在神話傳說中，女媧被看成是創世神和始祖神，是一位神通廣大的女神。

傳說女媧能化生萬物，每天至少能創造、化育出七十樣東西來，她的一段腸子就曾經化生出了十個神祇。女媧最偉大的創世業績，表現為摶土造人和煉石補天。

女媧在造人之前，於正月初一造出雞，初二造出狗，初三造羊，初四造豬，初五造牛，初六又造出馬。到了初七這一天，女媧用黃土和水，仿照自己的模樣造出了一個個小人，她造了一批又一批，感到速度太慢。於是扯下一根藤條，蘸滿泥漿，揮舞起來，星星點點的泥漿灑在地上，都變成了人。就這樣，大地上很快佈滿了人類的蹤跡。

可是怎樣讓人類永遠生存下去呢？要是死了一批再重造一批，那太麻煩了。於是她就創建了婚姻制度，自己充當人類的第一個媒人，把男子和女子們配合起來，讓人們懂得「造人」的方法，依靠自己的力量傳宗接代，繁衍下去。以上傳說載於《說文》、《楚辭》、《山海經》、《風俗通義》等古籍。

因此，這位中國第一個媒人，便被後世尊奉為媒神之祖，又稱「高禖」，也就是婚姻之神。人們祭祀這位婚姻神，典禮十分隆重，修了女媧娘娘廟或高禖廟，用「太牢」（豬、牛、羊三牲齊備）最高禮節來祭祀。在每年春天二月，青年男女在女媧廟前歡遊作樂，《周禮》載，「於是時也，奔者不禁」。是說情投意合的姑娘小伙兒可以自由幽會，以天為帳，認地為床，這種自由結合誰也不能干涉！這就叫做「天作之合」。以後那些結了婚而沒有兒女的，也紛紛到女媧廟中求子，於是這位媒神又兼作送子娘娘了。

傳說女媧娘娘創婚姻制度充當最初的媒人，這與她的人類老祖母的身分是一致的。這也反映了母系氏族社會的一種現實：婚姻以婦女為中心，女族長掌著全族的婚姻大事。

女媧　（明）

人們還把竹笙的發明權歸之於女媧，《世本》稱「女媧作笙簧」。在南方許多民族中，小伙子常常吹著蘆笙向姑娘們求愛，笙簧不啻為建立戀情的一種媒介。這種風俗一直流傳至今。

由於女媧神話深入人心，她所創造的偉業受到後人的無比尊敬，世間流傳著她的許多遺跡。最著名的有：

山東任城縣（今濟寧）承匡山，傳爲女媧誕生處。山下有女媧廟。東南又有女媧陵。

山西河津縣高禖廟。

江西南康郡（今雩都縣）君山女媧宮。

陝西臨潼驪山傳爲女媧寓所和發祥地，有老母殿。

河北涉縣鳳凰山上還有座著名的女媧皇宮（俗稱奶奶頂）。

女媧補天的神話是我國古代神話中最爲奇麗、感人的神話之一。補天神話在世界其他各民族中還不多見，具有中國特色。女媧面對滅頂之災，毅然拯救人類出水火，是人民的保護神。除女媧摶土造人繁衍人類的神話傳說外，還有另一種神話傳說。女媧是另一著名古神伏羲的妹妹，兄妹二人結婚繁衍了人類。唐·李冗《獨異志》卷下記載了這種傳說：

昔宇宙初開之時，只有女媧兄妹二人，在崑崙山下，而天下未有人民。議以為夫妻，又自羞恥。兄即與妹上崑崙山，咒曰：「天若遣我兄妹二人為夫妻，而煙悉合，若不，使煙散。」於煙即合，其妹即來就兄。

在漢代石刻畫像中，有不少人首蛇身的伏羲和女媧畫像，腰身以上爲人形，穿袍戴冠，腰以下則爲蛇身，兩條尾巴親密地緊緊纏繞在一起。有的伏羲手捧太陽，太陽裏有一隻金烏；女媧手捧月亮，月中有一蟾蜍。

伏羲女媧兄妹二人結婚而繁衍人類的傳說，反映了原始社會早期血親婚配的婚姻制度。

## 四　無生老母

明清時期的民間祕密宗教，是多神信仰，在蕪雜的經卷中，僅有名有姓的神明就成百上千，且儒釋道應有具有，如彌勒、彌陀、觀音、如來、李老君、玉帝天尊、眞武老君、孔聖人，乃至關雲長、劉伯溫、唐僧、孫悟空、豬八戒、八仙等都成爲崇拜神祇。明清民間祕密宗教派別眾多，五花八門，被統治者稱爲「邪教」，「邪教」中以白蓮教爲主，存在時間長，影響大，波及了大半個中國。白蓮教各派中也有自己所造的神祇，主要有混元老祖、無生老母、無極老祖、天眞古佛、先天祖師、中天祖師、後天祖師、收圓佛祖、飄高祖師等，但名聲之大，影響最廣，莫過於無生老母了。

## ㈠無生老母源於羅教

無生老母是白蓮教造出的偶像，在一些白蓮教的經文與寶卷中，無生老母成了創世主，人類的祖先。白蓮教一些教派仿照佛教三劫、三世說和摩尼教的三際說，也將世界分為三個時期，認為宇宙自開創起至最後止，必須經歷三個時期。龍華會、圓頓教等提出「龍華三會說」，弘陽教則提出「三陽說」。所謂「龍華三會」，即謂龍華初會為燃燈佛鐵菩提樹開花，二會為釋迦佛鐵菩提樹開花，三會為彌勒佛鐵菩提樹開花。初會的燃燈佛代表過去，二會的釋迦佛代表現在，三會的彌勒佛代表未來。第三會是最高境界，是經歷了末劫後的理想世界，此時諸佛萬祖來會，一派熙榮景象（《龍華會記》、《彌勒三會記》）。龍華三會和彌勒降世思想，對民間祕密宗教影響極大。弘陽教的所謂「三陽」，即青陽、紅陽、白陽，也分別代表過去世、現在世和未來世。謂青陽、紅陽之末，天下大亂，紅陽之末為末劫，此劫後進入白陽時期，光明普照，眾生幸福。

明中葉以前備受尊崇的彌勒，逐漸為無生老母所取代。「無生老母」源於明代中葉出現的羅教。羅教又稱羅祖教、無為教或大乘教，是明清時代影響最大的民間教派。其創始人叫羅夢鴻，又名羅清、羅靜、羅懷、羅孟洪。後人尊其為「羅祖」。山東即墨人。，生於正統七年（一四四二年），卒於嘉靖六年（一五二七年），活了八十五歲，很不簡單。羅夢鴻出身貧寒，祖上是衛所的戍卒，他自幼父母雙亡，過著孤苦生活，備嚐人世辛酸。他從小就思索著人生苦難的原由，爲找答案，他出家後訪明師，研佛經，下苦功十三年，才「明心成道」。於是，他將自己悟出之「道」，編撰成著名的羅教經典——「五部六冊」。所謂「五部六冊」，是指五部寶卷共有六冊，即《苦功悟道卷》一冊，《歎世無爲卷》一冊，《破邪顯證鑰匙》二冊，《正信除疑無修證自在寶卷》一冊和《巍巍不動泰山深根結果寶卷》一冊。

這「五部六冊」宣揚了羅教的教義，其實，這些教義是以佛教思想爲主，雜揉了儒、釋、道三教的「大雜拌兒」。不過羅夢鴻將三教經典的語言通俗化，變成了民間群眾口語；將深奧的哲學思想世俗化，變成了淺顯易懂的道理。所以羅教一經出現，很快就受到了下層群眾的狂熱歡迎與衷心信奉。五部六冊也幾乎成了所有「邪教」的共同經卷。

羅祖仙師（清）

羅夢鴻在編造的經卷中，推出了一位嶄新的至尊女神，這位女神影響了後世四百餘年。她就是「無生老母」。何謂「無生」？羅夢鴻在五部六冊中並未作具體解釋。這個名目的出現，看來也是佛、道混合物。

《老子》四十章曰：「天下萬物生於有，有生於無。」這是道家樸素的辯證認識論，認爲萬有生於虛無。羅夢鴻「發明」的這位無生老母，吸取了老子「有生於無」和「天下母」生其「子」（指世界萬物）的思想，以及南朝傅翕的「無生」觀念，同時也吸收了佛教的「無生」之說。佛教認爲一切現象之生滅變化，都是世間衆生虛妄分別的產物，世界萬物的本質是「無生無滅」。如《仁王經》卷中說：「一切法性（指一切事物、現象的本質）眞實空，不來不去，無生無滅，同眞際，等法性。」有的佛經稱「無生是實，生是虛妄。……如來體實，無有虛妄，名爲涅槃。」「涅槃」是佛教經過全部修行，熄滅了「生死」輪迴而達到的最高理想境界。這裏，是把無生看作爲一種最高境界了。所以「無生」也有否認有形的生命以證求無形生命的永生的寓意。因爲無形的生命是最綿長的、永恆的，那麼，這個綿長永恆的無生的母親，當然是至高無上和偉大無比的。無生老母被塑造爲「邪教」之最高神，其中包含了無生的永恆性和人類母愛的聖潔性。很清楚，無生老母的身上有著王母娘娘、驪山老母、觀音菩薩和衆多娘娘的影子，所不同的是，要比她們更「高級」。

## ㈡女上帝·救世主·保護神

無生老母首先是作爲一位中國式的「女上帝」形象出現的。她是創世主和人類的祖先：

無生母，產陰陽，先天有孕。產先天，釀聖胎，變化無窮。生一陰，生一陽，嬰兒姹女。起奶名，叫伏羲、女媧真身（《古佛天眞考證龍華寶經・古佛乾坤品》）。

伏羲和女媧被稱爲「人根老祖」，有如洋人的亞當、夏娃。這兩位「人根老祖」是無生老母所生化。經中又說：

李伏羲，張女媧，人根老祖。有金公，和黃婆，匹配婚姻。

由此而衍生出人類——即無生老母的全體後代，她叫他們是「皇胎兒女」。無生老母因是人類始祖，其地位與權力當然至高無上。她可以變化爲西王母，「考察儒、釋、道三教聖人」（《護國威靈西王母寶卷》），她甚至可以差遣彌勒、彌陀、太上老君等超級神佛下界，去普度衆生。她淩駕於諸神之上，儼然衆神之王。

無生老母不僅是創世主，女上帝，還被「邪教」塑造爲救世主，人類的大救星。在民間祕密宗教的經書——衆多的寶卷中，有這種說法：

大地衆生，即所謂「皇胎兒女」，共有九十六億之衆。其中四億人已歸「眞空家鄉」（指所謂「天堂」），還有九十二億人，仍飄落紅塵，歷盡苦難。於是無生老母遣神下凡，普度眾生。在《皇極金丹九蓮正信皈眞還鄉寶卷》第十七品中稱：「原來賢良（指皇胎兒女）九十六億，無極（指太古時代）度了二億，太極（指上古時代）度了二億，未來皇極（指現在）止有九十二億。」當時很流行的、充滿勸善說教的《鸚哥寶卷》說：

「無生聖母，慈悲發下佛光臨凡，下度了四億，歸家還原。有九十二億，在東土飄散，各人執迷不悟，貪戀酒色財氣，不肯回頭……」

於是，無生老母要拯救這些沈淪於苦海的芸芸眾生：

無生老母，度化眾生，到安養極樂園，同歸家鄉，不入地獄。

——《銷釋授記無相寶卷》

無生母，度化眾生，同上天宮。

——《佛說無爲金丹揀要科儀寶卷》

爲此，她有時化爲王母，有時化爲觀音，有時還化爲呂祖，去度化皇胎兒女；並且她還派遣彌陀佛、彌勒佛、天眞佛、大意佛、太上老君等下臨凡塵，將「盡迷在紅塵景界」的九十二億無生老母皇胎兒女，收回「眞空家鄉」。無生老母正是這九十二億芸芸眾生的救世主。

無生老母的地位雖說至尊至高，但信徒們從不會感到望而生畏。在眾多寶卷中，她是以一個慈祥親切的母親形象出現的。她並不板著面孔進行深奧的說教和訓斥，而是掂掛著流落東土的兒女們，爲他們的苦難而傷心。她想方設法，使兒女們能早登天堂與自己團聚。請看描述無生老母與兒女們最終團圓時，極爲歡悅的一段經文：

明心見性讀妙法，歸家無牽掛。憑意得縱橫，參透玄妙法，普度嬰兒歸家罷。歸家了道長生續，坐在蓮花蕊，金光圍護遶，接引還原位，嬰兒見娘笑微微。老母見了心歡喜，今日團圓會，得上菩提路，赴在龍華會，嬰兒闖在娘懷裏。九品蓮台端然坐，縱橫又洒樂。普放大光明，一去登極樂，嬰兒見娘笑呵呵。

——《銷釋大乘寶經·大乘菩薩品第一》

在這裏，得道和歸家相一致，天神與老母爲一體，成爲一幅極爲歡愉的天倫圖。誦讀這些經文，對「沉淪於苦海」——備受生活煎熬的下層人民群眾來說，該是多麼大的慰藉與嚮往！明清時期，民間祕密宗教教派林立，流傳廣泛，在下層社會中擁有廣大的群眾，產生了巨大的社會影響。正如明代大臣呂坤所說：「白蓮結社，遍及四方。教主傳頭，所在成聚。倘有招呼之首，此其歸附之人。」而無生老母信仰則成爲組織信徒，團結信徒，乃至迷惑信徒不惜鋌而走險的最得力「法寶」。每當天災人禍相繼而降的時候，教首們便祭起無生老母這一法寶，揭竿而起，千萬成群，雲谷響應，成爲一股強大的造反洪流。這時的無生老母，又成爲保護神——佑護徒眾攻打敵人取得勝利的神祇。乾隆三十九年（一七七四年），山東爆發了清水教王倫起義。王倫尊奉無生老母，又稱為「聖母」。教授信徒咒語：「眞空家鄉，儒家弟子」，「千手擋，萬手遮，蓋世英雄就是咱。青龍、白虎、朱雀、玄武等神，齊集在我身。求天天就助，拜地地就靈」。特別宣揚「聖母降身，刀槍不入」。川楚白蓮教大起義的領袖之一劉之協，編了經咒，用無生老母來號召群眾：

從離靈山失迷家，住在娑婆苦痛煞。無生老母捎書信，特來請你大歸家。

總之，清代凡是造反起義的民間祕密宗教，大都信奉無生老母，這位女上帝和救世主，又充當起保護神的角色。

## ㈢無生老母與「眞空家鄉」

有意思的是，無生老母與另一民間祕密宗教觀念「眞空家鄉」緊密相聯，成為一句眞訣，在教徒中廣泛傳播，產生了巨大影響。

「眞空家鄉，無生老母」這八字眞訣，源於羅教之前的祕密宗教，羅教則將它闡揚得更加完善。羅教以無極淨土為宇宙本源，吸收了道家的無為思想和佛家的空無觀念，而宣揚「真空」義理。羅清的《苦功悟道卷》卷一稱：

空在前，天在後，真空不動。……天有邊，空無邊，佛得法身。這真空，往上參，無有盡處。這真空，往下參，無底無窮。

羅教宣稱「真空」是絕對、永恆、永劫不壞的，是宇宙的根本。真空的變化，創造了世界，創造了人類，也創造了萬事萬物。而「真空家鄉」，則指人們出生地方，也是人們最後的歸宿。羅教將真空家鄉與塵世的流浪家鄉相對立：流浪家鄉是「生死受苦無盡」，而真空家鄉則是「永無生死」，快樂無比的「天堂」。

「真空家鄉，無生老母」八字真訣，有著十分豐富的內容，它高度概括了一種理論，一個宗旨，一個信仰，一種美好的理想追求。意思是說，無生老母在宇宙初創時，打發她的九十六億兒女（皇胎兒女）下降塵凡。由於他們被紅塵迷了本性，受盡了人間的種種苦難，需要將其救度出苦海，返歸他們的原來家鄉——天宮或天堂。過去已度回了四億，將來要度盡剩下的九十二億。如此，人類經過災劫苦難之後，重返真空家鄉（天堂），與無生老母相見，永享幸福安康。這是在引導人們去追求一個永生的圓滿的彼岸世界。每當人民生活困苦而又動盪不安的時候，人們希望盡快地結束苦難的生活，到達安定、快樂的彼岸，獲得永生，從而爭取了大量信徒。

無生老母的信仰，自明代產生以來，在我國民間宗教領域內，扮演著極其重要的角色，影響了四五百年的民間信仰與宗教思想。直至近代，在一些地區仍興盛不衰。二十年代華北地區的會道門一心天道龍華聖教門，崇奉無生老母，主要經典有《無生老母十指家書》，所宣傳的還是明清寶卷的那一套。近年來，無生老母信仰在台灣頗有市場，無生老母和與其同義的「無極老母」、「無生聖母」、「瑤池金母」等信仰的各種教團風起雲湧，四出傳教，蔚成風潮，幾乎與佛教、道教、民間傳統信仰鼎足而立。

## 五 福神

「福」的概念，在世俗心中是很廣泛的。福可解釋爲福運、福氣、運氣、幸福等等。自古以來，又有「五福壽爲先」的說法。所謂「五福」：「一曰壽，二曰富，三曰康寧，四曰攸好德，五曰考終命」。（《書·洪範》）又有人認爲是指「壽、富、貴、安樂、子孫眾多」。（桓譚《新論》）總之，「福」是人們孜孜以求、極其嚮往的人生大目標，於是福神應運而生，人們虔誠禮拜，希冀降福家門福運綿長。福神源於福星，即歲星，亦即木星。術士們稱歲星照臨能降福於民。後來福星逐漸人格化，但推究起福神到底被附會為何許人，卻有種種不同的說法。

## ㈠賜福天官

東漢張陵創立道教，影響很大。張陵死後，其子張衡繼續傳道，並大力提倡「三官」信仰。「三官」即天官、地官、水官。每當信徒有病時，張衡等謂不必找郎中，也不用服藥，只需向三官「請禱」即可。亦即「書病人姓名，說服罪之意，作三通（份），其一上之天，著山上；其一埋之地；其一沉之水。謂之三官手書。」並宣稱天官賜福，地官赦罪，水官解厄。這種說法一直流傳下來，尤以「天官賜福」的說法頗受人們歡迎。於是，人們便把天官作為降

天官賜福（清）

福的福神來信奉了。

「天官賜福」這一題材，成爲歷代民俗年畫中的重要內容之一。天官除被稱作福神外，又叫福星、福判，典型形象作吏部天官模樣，一身朝官裝束，紅色袍服，龍繡玉帶，手執大如意，足蹬朝靴，慈眉悅目，五綹長髯，一派喜顏悅色，雍容華貴氣象。有的天官身旁還有一童子，手捧花瓶，瓶中插玉蘭、牡丹，此中寓意「玉堂富貴」。還有一種天官圖，笑容滿面手抱身帶五個善童，善童手中分別捧著仙桃、石榴、佛手、春梅和吉慶鯉魚燈等吉祥物。舊時民間在農曆新年時，多貼這種年畫，以求天官賜福，帶來好運。

因爲「福」中也包含財運、發財意，故有的民俗年畫中，又把天官作爲賜福財神。圖中天官執如意坐於大元寶之上，上方繪有金銀山和斗大的「福」字。下方是聚寶盆，兩側爲和合二仙、招財童子、利市仙官。畫面主題鮮明，色彩斑爛，充滿了福運和財氣，表達了舊時人們渴望天官賜福、財神送財的强烈願望。

天官爲福神，是道教信仰演變而來。還有一種福神是由歷史人物演變而來，即道州刺史楊成（陽城）。

## (二)福神楊成——陽城

《三教源流搜神大全》卷四，有福神的記載：

福神者，本道州刺史楊公諱成。昔漢武帝愛道州矮民，以為宮奴玩戲。其道州民生男，選揀侏儒好者，每歲不下貢數百人，使公孫父母與子生別。省刺史楊公守郡，以表奏聞天子云：「臣按《五典》，本土只有矮民，無矮奴也。」武帝感悟，省之，自後更不復取。其郡人立祠繪像供養，以為本州福神也。後天下士庶黎民，皆繪像敬之，以為福祿神也。

這是說漢武帝時道州刺史楊成，因抵制向皇宮進貢侏儒矮民，救了本州百姓，被百姓奉爲降福解厄的「福神」。後流傳各地，被奉爲「福祿神」。

《三教搜神大全》所述諸神履歷事跡，大多雜取小說、民間口頭傳說及釋道之書，雖間有歷史人物，但不能當作「正史」來讀。道州刺史抵制進貢矮民之善政，歷史確有其事，但不是楊成，而是陽城。陽城也不是漢武帝時人，而是中唐時人。陽城曾作過道州（今湖南道縣）刺史。《新唐書·陽城傳》載：

（道）州產侏儒，歲貢諸朝，（陽）城哀其生離，無所進。帝使求之，城奏曰：「州民盡短，若以貢，不知何者可供。」自是罷。州人感之，以「陽」名子。

同時的大詩人白居易還據此寫了一篇〈道州民〉詩，十分感人：

道州民，多侏儒，長者不過三尺餘。
市作矮奴年進送，號為道州任土貢。
任土貢，寧若斯？
不聞使人生別離，老翁哭孫母哭兒。
一自陽城來守郡，不進矮奴頻詔問。
城云臣按六典書，任土貢有不貢無；
道州水土所生者，只有矮民無矮奴。
吾君感悟璽書下，幾貢矮奴宜悉罷。
道州民，老者幼者何欣欣，
父兄子弟始相保，從此得作良民身。

陽城這位父母官，敢於同皇上抗爭，救道州百姓於水火，被敬奉爲福神是當之無愧的。成書於元代、無名氏所撰的《三教搜神大全》，把陽城改寫爲楊成，把年代也提前九百多年。

由於《搜神大全》中的福神像，是一位員外模樣，這就給後世的福祿壽中的福祿二仙形象，分辨起來造成了不少麻煩。

## ㈢福祿壽中之福神

福神或福星，還有壽星，產生年代久遠，並且皆獨立存在。後來，又加上個祿星，成為福、祿、壽三位一體。福祿壽三星或三仙，作為群體，出現於何時，已不大好考，但明清已盛行於社會。三星的典型形象為：中間是賜福天官，手執如意；右為祿星，作員外郎打扮，頭上插戴富貴牡丹花，懷抱嬰兒；壽星在左，即南極仙翁，廣額白鬚，執杖捧桃，笑容可掬。三星分別象徵著幸福、官祿、長壽。

與福、壽二星不同，祿星很少單獨出現。因其打扮為員外形象，有些地方又以其為福神。認為員外即財主，有財即有福，故以財主為富神。再

福神　（清）

加上《三教搜神大全》中的楊成（陽城）像，又是一財主（員外）打扮，故以員外爲福神的說法，在民間也很流行。又此神常懷抱一小兒，或膝下有一童子，故有人又稱其爲送子張仙。

其實，員外是員外郎的簡稱。員外郎原指設於正額以外的郎官。唐宋以後，成爲中央官吏中的要職。明清各部以郎中、員外郎、主事爲司官的三級，得以遞升。員外郎簡稱外郎、員外。因員外可以納錢捐買，後漸漸用做對地主富豪的一種稱呼，在宋代以來的古代白話小說和戲曲中，十分常見。清代翟灝《通俗編·仕進》對此論道：「所云員外者，謂在正員之外，大率依權納賄所爲，與今部曹不同，故有財勢之徒，皆得假借其稱。」

所以，員外本爲官名，並非財主，此其一。員外可以納錢捐買，有錢就可弄個官職，此其二。有此二條，足以說明員外郎的形象是祿星，表官祿。這是「正統」的說法。

當然，上面提到的另一不同說法，也不能認爲是謬誤。因爲福、祿，乃至壽，有時並未有嚴格分工。如天官賜福像，它除了賜福以外，完全可以再賜官祿，賜財富，賜長壽，具有多種功能。以員外郎爲財主，爲福神；以天官爲高官，爲祿神；以南極仙翁爲壽神，也還說得通。

在宋代，民間還有以眞武帝爲福神，掛於床頭的，但沒有流行開來。如同鍾馗也做過福神一樣，因其有更爲重要的職守，所以影響不大，無法搶去福祿壽中福神的交椅。

福神作爲幸福之神，人人歡迎，於是在人們生活中，出現了與福運、福氣有關的大量俗語。好地方叫「福地」，好消息叫「福音」，長得富態叫「福相」，不用費力卻總能趕上好事叫「福將」，給人們帶來好處和希望的人也叫「福星」。看到好東西叫「一飽眼福」，吃到不用自己掏腰包的山珍海味叫「眞有口福」，交上「桃花運」則被戲爲「豔福不淺」，等等。

# 六　祿星

加官進祿　（清）

《儒林外史》第十一回，描寫了魯翰林家辦喜事，大宴賓客的情景。席間還找了個戲班子來湊熱鬧：「戲子上來參了堂，磕頭下去，打動鑼鼓，跳了一齣《加官》，演了一齣《張仙送子》，一齣《封贈》。」

這幾齣都是吉祥喜慶戲，《封贈》爲明人戲曲《金印記》中的一齣，戲演蘇秦六國封相故事。《張仙送子》故事可參見張仙一節。至於《加官》，是舊時戲臺上的一種傳統表演。「加官」又稱「跳加官」，是在戲曲正式節目演出之前外加的，多由一人表演。表演者身穿大紅袍，面戴「加官臉」——一種作笑容樣的假面具。表演者手持朝笏，走上戲臺，繞場三周，「笑」而不言——不唱也不說。再進場後，抱一小兒（道具）出來，繞場三周，退場。最後出場，笑容滿面，邊跳邊向觀眾展示手中所持紅色條幅，上邊寫有「加官進祿」之類的頌詞，再繞場三周後，退場。然後是正式節目開始。

這就是戲臺上常演的所謂彩頭戲「跳加官」。這位獨角演員所扮的紅袍白面官員，即祿星，又叫「司祿神」。跳加官多用於節日或喜慶之時，祿神的到來，表示要使看戲的諸位祿星高照，升官發財，萬事如意。所謂「加官進祿」，「加官進爵」是也。「加官」者，晉升官階也。舊時，有大量的「加官進祿」之類的傳統風俗畫，流行於民間（常與福、壽合伙），可見祿神之深入民心。

祿，指官職祿位。祿神來自祿星，而祿星原來確是一顆星。《史記·天官書》云：「文昌宮……六曰司祿。」是說文昌宮的第六星爲專掌司祿之祿星。以後由星辰崇拜而漸人神化，同福星、壽星一樣，也被賦於人格，並且附會爲張仙。這位張仙，一說是四川眉山張遠霄，五代時遊青城山成道，得「四目老翁之弓彈，擊散人家災祲」。（《集說詮眞》）一說是「送子張仙」——後蜀皇帝孟昶（參見張仙一節），故傳統戲曲中有「祿星抱子下凡塵」之類的唱詞；在「福祿壽」傳統風俗畫中，祿神也常抱或牽一小兒。

功名利祿是無數士人所拼命追求的，而最高統治集團也就用高官厚祿，來牽著天下的讀書人「為我所用」。一些有識之士早就看穿了這一套，稱此為「祿餌」。即比喻以祿位引誘人，如用餌釣魚。數千年來，被祿餌釣住的人不計其數，但也有不買這個賬的，宋人陳仲微就說過：「祿餌可以釣天下之中才，而不可啖嘗天下之豪傑。」《紅樓夢》裏的賈寶玉更把熱衷獵取利祿，一心往上爬的傢伙，罵做「祿蠹」。

不過，祿神在民間還是很受歡迎的，絕大多數人還並不想「脫俗」。人們都很「現實」，有了官就有了權，也就有了錢，「三年清知府，十萬雪花銀」！所以「加官進祿」、「福祿壽」、「官上加官」、「加官進爵」、「馬上封侯」、「平升三級」等題材的年畫、風俗畫、吉祥圖案等十分流行，大受歡迎。有趣的是，這類畫常使用傳統的諧音借代方法。如以「鹿」代「祿」，如有一種「福祿壽三星」圖，畫面為一老壽星騎鹿（寓「祿」），跟隨一捧桃侍從（寓「壽」），上空飛著蝙蝠（寓「福」）。再如「加官進祿（或加官受祿）」圖，畫面為一束帶高冠（寓「加官」）官員，正撫摸一鹿（寓「受祿」或「進祿」）。

明朝末年，李自成的農民軍攻下河南，活捉了福王朱常洵，把他殺死後，用其血「雜鹿醢（剁成肉醬）嘗之，名『福祿酒』」。能喝上這種「福祿酒」者，可謂「口福」不淺。

# 七　壽星（南極仙翁）

古人星宿崇拜，名目繁多，能流傳至今而不衰，且備受民眾歡迎者，非壽星莫屬。只是今天的壽星，神味兒已極淡薄，人味兒卻很濃郁，他或掛在牆上，或靠於沙發背，或立在案頭，或畫在壽品盒上。模樣也逗人發笑：身量不高，彎背弓腰，一手拄著龍頭拐杖，一手托著仙桃，慈眉悅目，笑逐顏開，白鬚飄逸，長過腰際，最突出者是那頭號腦袋，突出的大腦門兒更是醒目。在人們眼中，他根本不是什麼「星」，而是一位慈祥和善的長者，是一種吉祥的象徵。

壽星又叫南極老人、南極仙翁。

壽星，角亢也。（《爾雅・釋天》）角、亢二宿，是二十八宿中東方蒼龍七宿中的頭二宿，所以郭璞注釋說：壽星，「數起角亢，列宿之長，故曰壽」。司馬遷認為，在西宮狼比地有一顆大星，叫「南極老人」。老人星出現，治安；老人星不見，兵起（發生戰爭）。唐代學者張守衛對此解釋道：「老人一星，在弧南（天狼星東南），一曰南極，為人主占壽命延長之應。見，國命長，故謂之壽昌，天下安寧；不見，人主憂也。」司馬貞也認為：「壽星，蓋南極老人星也。見則天下理安，故祠之，以祈福壽。」（《通典・禮四》）

二十八宿中東方七宿依次為角、亢、氐、房、心、尾、箕，成蒼龍之形。其中角宿有二顆星，以其似羊角，故名「角」，在東方蒼龍七宿中如龍角；亢宿有四顆星，直上高亢，故名「亢」，在東方蒼龍七宿中如龍頭。現代天文學將此二宿劃入室女座，其中角宿一是一等亮星，很有名。在每年五月初傍晚即在東方低空出現，七點以後就很清楚了。至於南極老人星，在船底座，是一等以上的亮星，因它處於南緯五十度以南，在我國北方不易見到。但在長江以南，特別是嶺南地區，卻很容易看到。尤其在二月間下午八點以後，它出現在南天的低空，周圍沒有比它更亮的星，所以很顯眼。據說康熙皇帝在北京紫禁城裏看不到這顆老人星，有一年到南京，特意登高眺望。

上面對壽星有兩種不同的說法，周秦時祭祀之壽星，實即南極老人星。到了唐代，朝廷便令「所司特置壽星壇，宜祭老人星及角亢七宿」（《通典・禮四》），已將二者合祀了。

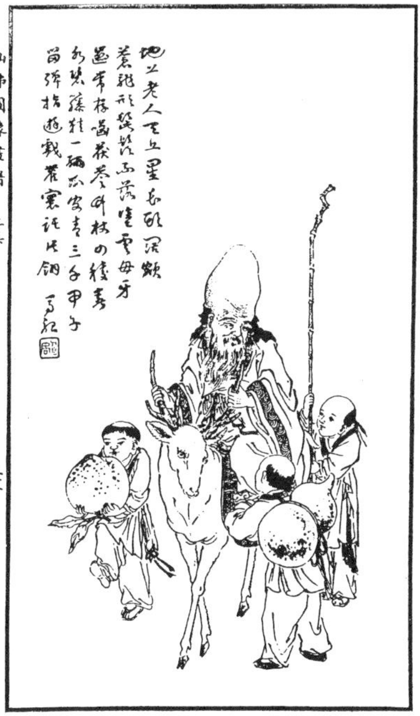

南極仙翁　（清）

特別值得一提的是，東漢時，國家還將祭祀老人星與敬老活動結合起來。在仲秋之月（即農曆八月），「祀老人星於國都老人廟」。同時在這月，對全國進入古稀之年（七十歲）的老人，「授之以王杖，哺之糜粥。八十、九十，禮有加賜」。所謂「王杖」，長九尺，上端以鳩鳥爲飾。鳩鳥，古人認爲是「不噎之鳥」，其用意是「欲老人不噎」。尊老敬老是我國傳統美德，東漢時期把二者結合起來，是值得稱道的。後世老人壽誕時，常送上老壽星一類的禮品，可以說是這種習俗的流傳。

壽星自周秦以降，歷代皇朝皆列爲國家祀典，至明代始罷其祀。國家祀典雖廢，但民間並不廢，南極仙翁的故事廣爲流傳。如明代的《白蛇傳》彈詞，以後改爲《雷峰塔》、《義妖傳》，及後來的《三仙寶傳》寶卷中，南極仙翁（即壽星）是作爲一個好心腸的老神仙出現的。《白蛇傳》又被改編爲戲曲，其中《盜仙草》（又叫《盜靈芝》），演白蛇飲雄黃酒現出原形，許仙驚死。白蛇乃潛入崑崙山，盜取靈芝仙草。與鶴、鹿二童格鬥，不勝，南極仙翁對其遭遇十分同情，憐而贈以靈芝，救活許仙。有許多地方劇種，都演此戲。京劇《盜仙草》還曾在一九五五年世界青年聯歡節演出中，獲大獎。這也使不少外國友人，一睹中國壽星之風采。在明代著名短篇小說集《警世通言》第三十九卷〈福祿壽三星度世〉中，也專門講了南極壽星的故事。

在元明雜劇中，有一本《南極登仙》，一本《群仙祝壽》，還有一本《長生會》，都有南極仙翁出現。在這些戲中，壽星的打扮是「如意蓮花冠、鶴氅、牌子、玎璫、白髮、白髯、執圭」，同後來流行的壽星模樣有些不同，不是光腦袋，也沒有拄杖。長頭大腦門的壽星像大概是明末定型的，一直沿用至今。

民間常把壽星與福、祿二星湊成一伙，合稱福祿壽。他們代表著福運、官祿、長壽，成爲最受人們歡迎的三位神仙。《西遊記》第二十六回寫孫悟空爲救鎮元大仙的人參果樹，特地到東海蓬萊找來這三位神仙。豬八戒見到壽星時，叫他「肉頭老兒」，還把自己的僧帽扣在了他的頭上，拍著手大笑：「好！好！好！眞是『加冠進祿』也！」又罵他三人是奴才，八戒說得還很有根據：「既不是人家奴才，好道叫做『添壽』、『添福』、『添祿』？」八戒的調皮與壽星的厚道，躍然紙上。

民間長者作壽時，常在屋內正中牆上掛有畫著福祿壽的中堂，兩側則是一副壽聯：

福如東海；
壽比南山。

或：名高北斗；
壽比南山。

那些高壽者又常被稱作「壽星」、「老壽星」、「壽星老兒」，親切而又含有敬意。

我國民間對祝壽也有一些傳統風俗。如「二十不做壽」，只能說「過生日」。有些地方小孩到了十歲，也有老人

壽星　（清）

給小孩做生日的，叫「愛子壽」。還有「男不做十，女不做九」。因爲「十」在有些地區方言中，與「賊」諧音，「九」與「鳩」諧音，不吉利。四十也不做壽，「四」與「死」諧音，忌諱。壽辰之日，要吃「長壽麵」，有錢的人家還要搭臺，請戲班子唱「祝壽戲」。

祈望長壽，也是人之常情。其實，與其乞靈於壽星老兒，倒不如求教於《十叟長壽歌》：

昔有行路人，海濱逢十叟。
年皆百餘歲，精神加倍有。
誠心前拜求，何以得高壽？
一叟拈鬚曰：我勿嗜煙酒。
二叟笑莞爾：飯後百步走。
三叟頷首頻：淡泊甘蔬糗。
四叟拄木杖：安步當車久。
五叟整衣袖：服勞自動手。
六叟遠陰陽：太極日月走。
七叟摩巨鼻：空氣通窗牖。
八叟撫赤頰：沐日令顏黝。
九叟撫短鬢：早起亦早休。

十叟軒雙眉：坦坦無憂愁。
善哉十叟辭，妙訣一一剖。
若能遵以行，定卜登長壽。

誠然，上面十條「妙訣」，只要身體力行，長期堅持，您準能成爲一位「老壽星」！

彭祖（明）

# 八　彭祖

幸福長壽爲人們所期望，而某些長壽者則成爲世俗崇拜的偶像。古代長壽者中，名氣最著者大概要屬彭祖了。壽星當然也很有名，但他畢竟是由星宿演化來的，比不得彭祖「人味兒」更濃。

彭祖是個傳說人物，原本姓籛，名鏗，傳爲五帝之一顓頊的孫子，陸終氏的兒子。彭祖的出生也很怪：他的父親陸終娶了一個鬼方氏的姑娘，名叫女顓。女顓懷了孕，卻總不生產，三年以後，剖開左邊的腋窩，生了三個兒子，再剖開右邊的腋窩，又生了三個兒子。彭祖就是其中的一個（《世本・氏姓篇》）。這種生孩子的特殊方法，與傳說中的釋迦牟尼出生法、老子的出生法，如出一轍。奇人的誕生自然也要奇。

彭祖從夏朝活到商末，壽年八百歲。當時人的平均壽命不過三十來歲，彭祖爲何活了如此之長？有人說，彭祖是個烹飪專家，能燒得一手好菜，最拿手的是「野雞湯」。他曾把這野味湯奉獻給天帝，天帝雖爲宇宙之主，卻從來沒有品嚐過如此美味佳肴，心裏一痛快，馬上賜給彭祖八百年壽命（《楚辭・天問》王逸注）。這當然是神話。還有人認爲彭祖長壽是因爲常吃桂芝，還很會導引行氣，是位大氣功師（《列仙傳》卷上）。

彭祖活得這樣長，引得商王十分羡慕，就派了個心腹采女（宮女）問道於彭祖。采女見了彭老先生，請教延年益壽之法。彭祖說：「我是個遺腹子，三歲時母親又死了。因爲活得太長了，已經死了四十九個老婆，還死了五十四個兒子，如今已成了老朽，沒多大活頭了，不值得宣揚。」采女那肯罷休，軟磨硬泡，到底從彭祖那裏學得房中之術，帶回向商王匯報。

商王一試，大見奇效，就想殺了彭祖，獨享這一專利。哪知道彭祖並非等閒之輩，早已料到這一步，提前溜走了。（《神仙傳》卷一）

彭祖的幾位高足如青寫公、黑穴公、離屢公等，也都活了數百年。特別值得一提的是青寫公。青寫公得了彭祖的眞傳，修煉了四年餘而得道。青寫公還有一門獨特的學問，對後世影響很大，這就是堪輿風水之術。中國人認爲祖先墳墓的風水會影響後世子孫的命運，據說這套理就是青寫公傳下來的。所以，青寫公堪稱中國第一位風水先生，後世的風水先生們都尊他爲祖師爺，堪輿術也因此又稱「青寫之術」。

野史稱，彭祖的長壽是因其善於「采陰補陽」，精通采補，稱其「善御女致壽」。至於他的死，則有另一套說法：彭祖後來又找了第五十個太太鄭氏，這位太太卻不尋常，妖淫無比，彭祖儘管道行不淺，但畢竟年齡太大了，最終「敗道而死」（《綱鑑廿四史通俗演義》第四十三回）。此說純屬無稽之談。

青寫公　（清）

遠古時人們平均壽命不過三十來歲，五六十歲就算長壽，七十歲已經不得了，彭祖大約是個很懂健身術的長壽老人，在當時極爲罕見，由於人們誇大渲染，或者乾脆是他自己虛報謊稱年齡，這位壽星老兒逐漸變成了壽年八百。彭祖在民間還成了長壽的象徵，有壽聯云：

福祿歡喜；
彭祖無極。

## 九　喜神

舊社會的妓女是十分迷信的，她們的社會地位低下，沒有人身自由，又處於文化層次的最下一等，這就使她們人爲地造出了許多禁忌和迷信。

舊時，北京妓院中有一種習俗。大年初一天剛亮，對於一般人來說，要準備上街互相「拜年」了，但串門拜年沒有妓女的份兒。這時，她們要拉上相好的去「走喜神方」，認爲「遇得喜神，則能致一歲康寧，而能遇見白無常者，向其乞得寸物，歸必財源大闢」。所謂「喜神方」，就是喜神所在的方位。如何確定「喜神方」呢？一種說法是公雞打鳴的地方：

正月元日雞初鳴時，祀喜神於其方，日出天行。

順著雞叫的方向，去碰喜神，希望一年康寧，大發其財，這是妓女們的求安求財心理，也是一種精神寄託。因為喜神是一位「抽象神」或「精神神仙」，並無偶像（塑像）。「碰到」與否，完全靠自己的「感覺」。

所謂喜神，就是吉神。人們的願望是趨吉避凶，是追求喜樂高興而厭棄悲哀煩惱的。所以要造出一個喜神來。最初的喜神是很抽象的，並無具體形象。大概是陰陽家的「作品」。陰陽術士們搞出這套把戲，不僅滿足一般人追求喜慶的需要，而且特別受到世俗婚姻的歡迎。

結婚乃人生一大樂事，故舉行婚禮俗稱辦喜事。早在北宋時，就有〈四喜詩〉道：

久旱逢甘雨，
他鄉見故知，
洞房花燭夜，

喜童　（清）

金榜掛名時。

據說這就是民間吉祥菜「四喜丸子」的來歷。古人不但把婚娶作爲「大喜」，甚至把洞房花燭夜稱作「小登科」。辦喜事當然離不開喜神，舊俗，新娘坐立須正對喜神所在的方位，這樣一生才會多有喜樂之事。不過喜神的方位，是變化不定的，這就需要請教陰陽先生了。術士們可謂生財有道。關於喜神方位，陰陽家們爲了「工作」需要，制定一套理論，收入清朝乾隆年間成書的《協紀辨方書・義例・喜神》中。我們抄錄幾條，可見一斑：

喜神於甲巳日居艮方，是在寅時；
乙庚日則居乾方，是在戌時；
丙辛日居坤方，是在申時；
丁壬日居离方，是在午時；
戊癸日居巽方，是在辰時。

陰陽家推算出喜神的方位後，轎口必須對著該方向，新娘子上轎後，要停一會兒，叫作「迎喜神」，然後才能出發。

最初喜神並無形象可言，與其他神明相比，顯得有些空洞，於是人們也將其人格化。但喜神的模樣沒有什麼特點，完全是福神——天官的翻版。

和合二仙也是喜神。舊時民間舉行婚禮時，常掛和合像，取「和偕好合」之意，以圖吉祥喜慶。

# 十 財神

人們追求、嚮往美滿富裕的生活，而這種好日子是與個人佔有財富的多寡直接相關的。於是，崇奉財神，希冀財神保佑自己發財，成爲人們的普遍心理。這種心理和追求，充分反映在春節「迎財神」、「祭財神」等重要民俗活動中。

春節，是中國民間最盛大的全民節日。其中除夕又是春節中最熱鬧的一天。除夕之夜有一項重要的民俗活動，即迎財神。人們吃罷餃子（又稱「扁食」，有些地方還稱做「財神爺給的元寶」），徹夜不眠，等待著接財神。「送財神」的，其實是叫買印製粗糙財神爺像的小販。

這種活計是一些貧寒子弟，特別是窮孩子的臨時生意。他們低價躉來財神像，穿街走巷，挨門挨戶叫買：「送財神爺來嘍！」戶主絕不能說「不要」，而要客客氣氣地說：「勞您駕，快接進來。」幾個銅子就可買一張，即使再窮的人家也得賞個黏豆包，換回一張。一個除夕之夜，有時可接十餘張。這是爲了討個「財神到家，越過越發」的吉利。到了初二，還要祭財神。即把除夕接來的財神像紙馬，集體祭祀一番，然後焚化。祭品多用活鯉魚和羊肉，取「魚」、「羊」之合，乃爲「鮮」意，以表示新財神降臨，今年發新財。午飯要吃餛飩，俗稱「元寶湯」。特別是這一天各地的財神廟開廟，屆時人山人海，趨者蟻集，香火綦盛。廟中有許多紙製元寶，買幾個元寶帶回，說是向財神爺「借」到了元寶，今年準會大發利市。廟旁的一些元寶攤子，有的只做一天生意，即可維持一家人大半年的生活。因爲「借」寶者不惜重價，利市三倍。更有用金紙做成馱聚寶盆的金馬駒者，價格奇昂；但決不愁賣不出去，迷信「金馬馱聚四方財」者，大有人在，捨得用重金「借」走。

這一天，城裏妓院中所有妓女和老鴇也成群搭伙前往。財神的神座下，有一堆堆銀光閃閃的紙質銀錠，俗謂「苟能背人竊得一枚或數枚者歸，必財源大闢，陶朱殷富，不難立致。」（《京華春夢錄》）所以這些妓女，總得想方設法，偷出幾錠，帶回青樓，藏在自己的小錢櫃中，以望財源滾滾。

財神在人們心目中地位之高，由此可見。

翻翻財神紙馬，品種頗多，大致可分爲文財神和武財神兩類。

## ㈠文財神（比干、范蠡）

民間年畫中，有一類文財神題材。畫中財神爲文官打扮，頭戴宰相紗帽，五綹長鬚，手捧如意，身著蟒袍，足蹬元寶。文財神的打扮與天官很相似，最大的區別是：天官神態慈祥，笑容滿面；而文財神有一種面目嚴肅，臉龐清癯，據說這就是比干。

范蠡（明）

比干是殷紂王的叔父，爲人忠耿正直。比干見紂王荒淫失政，暴虐無道，十分著急，常常直言勸諫。紂王不但聽不進去，而且愈來愈討厭這位叔父，再加上妲己在一旁使壞，有一次比干强諫，諫得紂王大怒，道：「我聽說聖人的心有七個竅，今天我倒要看看你的心是不是七個竅！」說完叫人當場把比干剖開了膛，挖出心來，看看是眞還是假。這件事載於《史記·殷本記》。比干是我國上古時期最早也最有名的大忠臣，後代世俗將其奉為財神，當是因他心地純正，率直無私。民間將一些歷史人物奉為具有某種功能的神明，有時並不一定與其生平、身分有必然關係，如有的地方把岳飛奉為土地神，把顏眞卿奉為判官，甚至把岳飛當作瘟神，就有點不倫不類。

比干成為財神，並非本人是個頭號財主。民間流傳著這種說法：比干怒視紂王，自己將心摘下，扔於地上，走出王宮，來到民間，廣散財寶。他雖然沒了心，但因吃了姜子牙（曾化裝成老翁）送給他的靈丹妙藥，並不曾死去。因為沒了心，也就無偏無向，辦事公道，所以深受人們愛戴、稱讚。當時，在比干手下作買賣者，都沒有心眼兒，大家公平交易，誰也不會坑騙誰。自古道：「無商不奸！」把比干這位頭號童叟無欺的正派君子，當作財神，當然是人人敬服的了。

另一位文財神，倒是個曾經從商，發了大財的大富商。他就是春秋時期越國的范蠡。范蠡本是越王勾踐手下的大臣。范蠡足智多謀，勾踐最倒霉時，給他出了不少好主意，幫助越王打敗了吳王，成就了霸業。勾踐大賞功臣，單單少了個范蠡，原來他埋名隱姓，逃到別國去了。臨走他還給好友——另一個謀臣文種寫了一封信，說：「高鳥已散，良弓將藏；狡兔已盡，良犬就烹。夫越王為人，長頸鳥喙，鷹視狼步，可與共患難而不可共處樂，子若不去，將害於子。」

可惜文種不信，終成劍下之鬼。

遠比文種高明的范蠡，逃出是非之地，傳說他浮海到了齊國。在齊國經營農業和商業，發了大財。因他是在功名利祿場中「翻過筋斗過來的」，所以他三次發財，三次都把所得錢財分散給窮朋友和疏遠的親戚，把「金錢」二字看得很淡薄。最後他積了一筆大財，在陶邑定居下來，自號「陶朱公」。還有一種說法，他爲改換名姓，想到自己是逃出來的，故改姓「陶」（逃）；自己曾任高官，常穿紅袍，故名「朱」；位在公爵，故叫做「陶朱公」了。范蠡能發家致富又能散財，在人們心目中是位難得的偶像，故其成爲文財神，也就名正言順，理所當然了。

## (二)武財神（趙公明、關公）

趙公明爲道教中的神明，乃一虛構人物。道教稱其爲上天皓庭霄度天慧覺昏梵炁所化生。姓趙名朗，字公明。與鍾馗是老鄉，終南山人氏。自秦時避世山中，虔誠修道。漢代張道陵張天師入鶴鳴山精修時，收之爲徒。並使其騎黑虎，守護丹室。張天師煉丹功成，分丹使趙公明食之，遂能變化無窮，形似天師。張天師命其守玄壇，所謂玄壇，即道教之齋壇。趙公明因而被天帝封爲「正一玄壇趙元帥」，故又稱其爲趙玄壇。因其身跨黑虎，故又稱「黑虎玄壇」。

趙公明的傳說，由來已久。早在晉代干寶所撰《搜神記》卷五中，散騎侍郎王祐故事裏就有「上帝以三將軍趙公明、鍾士季，各督數鬼下取人」的情節，但此時他是作爲冥神出現的。在梁代陶弘景的《眞誥·協昌期》中，亦有「天帝告土下冢中直氣五方諸神趙公明等」的說法，也是一證。

由於傳說隋文帝時，趙公明等五位瘟神至人間降瘟，趙公明又成爲瘟神之一。至明代，又把趙公明說成八部鬼帥之一，「各領鬼兵，動億萬數，周行人間」，作惡多端。其中趙公明專門向人間傳播「下痢」即痢疾。此八個鬼王「虛毒噓禍，暴殺萬民，枉夭無數」。於是太上老君派張天師佈龍虎神兵，前往翦滅。經過數番鬥法，魔高一尺，道高一丈，八部鬼帥終於降服了。

在《封神演義》裏，趙公明又成了峨嵋山的道仙，他武藝高強，並有黑虎、鐵鞭和百發百中定海珠、縛龍索等法寶，被聞太師請去打姜子牙，因其助紂爲虐，終不免一死。後姜子牙按元始天尊旨意封神，趙公明被封爲「金龍如意正一龍虎玄壇眞君」之神，手下有招寶、納珍、招財、利市四神，專司「迎祥納福，追逃捕亡」。至此，趙公明方有了財神的模樣，不再像先前那樣渾身充滿著邪氣、鬼氣和瘟氣。

趙公明在《封神演義》中成爲財神，其實源於元明間的《三教源流搜神大全》。《大全》所描繪趙公明形象爲：頭戴鐵冠，手執鐵鞭，面黑而多鬚，跨虎。這正是後世所供武財神趙公元帥的典型圖像。書中又稱其授正一元帥，手下有八王猛將，六毒大神，還有五方雷神、五方猖兵，二十八將等。又稱他能「驅雷役電，喚雨呼風，除瘟翦瘧，保病禳災」，功莫大焉。據此，道教又將其與靈官馬元帥、關羽、溫瓊合爲四大天將，在建醮祭典中常設四將神像；道士請神作法時，亦必請此四將。至今臺灣各地設立醮壇，必有四大天將（元帥）紙製神像，趙公明元帥即製成騎虎執鞭樣式。

至於賜財功能，《搜神大全》謂「買賣求財，公能使之宜利和合。但有公平之事，可以對神禱，無不如意。」自此，趙公明司財，使人致富的功能深入人心，備受歡迎，而其瘟君、鬼帥的本來面目，倒日漸淡薄。至近代，又有人附會趙公明爲回人，不食豬肉，「每祀以燒酒牛肉，俗謂齋玄壇」。這大概與明朝鄭和七下西洋，曾抵阿拉伯國家，多得珍奇異寶有些關係，民間亦有「回回進寶」的俗語。明清小說中也有不少「波斯胡」有奇寶的故事。但趙公明本屬虛構，他的回回族籍，更屬無稽之談。

民間所供趙公明財神像皆頂盔披甲，著戰袍，執鞭，黑面濃鬚，形象威猛。周圍常畫有聚寶盆、大元寶、寶珠、珊瑚之類，以加强財源輻輳之效果。

民間還以關公爲財神。關公是一位「全能」神明，財神不過是其「兼職」之一。請參見關聖帝君一節。

清代北京五顯財神廟　（點石齋畫報）

# 十一 利市仙官

民間所供財神像，不管是趙公元帥，還是賜福天官，旁邊總要配以利市仙官。

利市仙官是民間流傳的一位小財神，他的來歷已不清楚。據《封神演義》講，他是大財神趙公明徒弟，叫姚少司，被姜子牙封爲迎祥納福的利市仙官。所謂「利市」，在俗語中是走運、吉利之意，如「討個利市」，多見於古典白話小說中。利市又指做買賣所得的利潤，古人曰：「利市三倍。」形容做買賣獲得了厚利。語出《周易・說卦》：「〔巽〕爲近利，市三倍。」

做買賣哪個不想「利市三倍」？乃至三十倍、三百倍？所以利市仙官受到了民間，尤其是商人的歡迎。每到陰曆新年，必將利市仙官像（也有單個的），貼在門上，以圖吉利、發財。

招財利市和合如意　（清）

利市仙官在宋元時期已經流行，據元人所作《虞裕談撰》

說，當時「江湖間多祀一姥，曰利市婆官」。這大概是後世「財神奶奶」的濫觴吧。

## 十二　五路財神

五路神又作五路財神。俗以趙公元帥、招寶、納珍、招財、利市五神爲五路財神。此說出自《封神榜》。因姜子牙封趙公明爲正一玄壇眞君，率領部下四位正神，迎祥納福。手下四神爲：

招寶天尊蕭升

納珍天尊曹寶

招財使者陳九公

利市仙官姚少司

五路財神　（清）

五路財神是民間吉慶年畫中常見的形象，如《賜福財神》、《開市大吉》、《招財進寶》中，皆有趙公明、招財、利市等，有時又與文財神、和合二仙合繪。

五路神又指路頭、行神。清人姚福均謂：「五路神俗稱財神，其實即五祀門、行、中霤之行神，出門五路皆得財也。」民間以正月五日祀五路神，謂此曰「爲路頭誕辰，金鑼爆竹，牲醴畢陳，以爭先爲利市，必早起迎之，謂之接路頭」。（顧祿《清嘉錄》）

所謂「五祀」《禮記·曲禮下》中「祭五祀」鄭玄注云：「戶、竈、中霤、門、行也」。五祀即祭戶神、竈神、土神（中霤）、門神、行神。所謂「路頭」，即五祀中之行神；五路，指東西南北中也。意爲出門五路，皆可得財。

又有將五路神與五顯神、五通神相混淆者，其實他們之間是有區別的。

過去民間（尤其是農村）所供五路神，又指五位與人們生計安全密切相關的五位俗神，即土地爺、馬（牛）王爺、仙姑、財神爺和竈王爺。

一進宅門，先見土地爺，一般在右邊牆上，面向裏。神像上方，紅紙黑字，寫的是：「保佑」。兩邊對聯寫的是：「土能生萬物；地可發千祥」。再往前走，路過馬房或牛棚，可見到馬（牛）王神像，頭上仍是「保佑」二字，再一看對聯可能嚇您一跳：「牛如南山虎；馬似北海龍。」

進了正房，右邊牆上，面向中堂貼門而坐的是位仙姑。神像頭上還是「保佑」二字，兩邊的對子道出了本事：「仙姑堂中坐；闔家保平安。」左邊牆上，和仙姑對稱的位置上是財神爺，頭上方也是：「保佑」二字，兩邊的對聯氣魄不小：「天上金玉主；人間福祿神。」進了裏間，鍋臺上方，端坐著竈王爺。神像上頭還是「保佑」二字，兩邊的對聯有的寫：「上天言好事；回宮降吉祥。」有的寫：「油鹽深似海；米麵積如山。」

這種五路神充分顯示了中國的小民百姓，祈福求安的強烈願望。

五路財神圖

五路財神圖　（清）

## 十三　萬回哥哥、和合二仙（寒山、拾得）

月落烏啼霜滿天，
江楓漁火對愁眠；
姑蘇城外寒山寺，
夜半鐘聲到客船。

唐代詩人張繼的這首〈楓橋夜泊〉，膾炙人口，流傳千年。寒山寺是蘇州（古稱姑蘇）城西十里的楓橋鎮上的一座古刹。寒山寺初建於南朝梁代，初名「妙利普明塔院」，後改名「寒山寺」，此寺並非與什麼名山有關，而是由唐朝著名詩僧寒山而得名。在民間，寒山的詩名並不大，但他與同時的和尚拾得卻以「和合二仙」的身分，備受人們歡迎。「和合二仙」被視為歡喜之神，他們的前身卻是一位方術僧——萬回。

## (一)萬回哥哥的故事

萬回，據說是虢州閿鄉（今屬河南）人氏，姓張。生於唐朝貞觀六年（六三二年）五月初五。張萬回「生而癡愚，至八九歲方能語，嘯傲如狂，鄉黨莫測」。他長到二十多歲，還整日傻呆呆的不說話。他有個哥哥在遼東當兵，久絕音信，有傳聞說其已死，父母想念，日夜涕泣。張萬回說：「二老不用著急，請準備好給兄長的食品衣物，我去看望他。」

第二天一早，張萬回離家，「出門如飛，馬馳不及，及暮而還」，告父母曰：「兄平安無事。」還帶來一封書信，「緘封猶濕」，打開一看，正是他哥哥的筆跡。他往返一日，可行萬里，故號為「萬回」。（《酉陽雜俎·具編篇》）

有一種說法，萬回是菩薩轉世。《談賓錄》載，當年玄奘法師去佛國（印度）取經，曾見一佛龕題柱曰：「菩薩萬回，謫向閿鄉地教化。」閿鄉實有其地，今屬河南靈寶縣。看來，萬回是犯了錯誤（什麼錯不得而知），被佛祖貶到人間，到「閿鄉地教化」。據說玄奘回國後，還專門到閿鄉找萬回，還眞的訪到了。玄奘對他十分敬重，一口一個「菩薩」。萬回跟他聊起印度的風土人情，比玄奘還熟悉，「了如所見」。後皇室聽說其事，唐高宗把他召進宮，武則天還送過他錦袍玉帶。萬回長得高大魁偉，特別能吃能喝，他跟武則天談天說地，「語事多驗」。萬回死於長安，活了八十歲。唐時宮廷、民間信奉他，認爲他能預卜休咎，排解禍難。唐玄宗時，張天師驅疫鬼，「敕和合二仙助顯道法」，其中即有萬回，唐明皇並封其爲萬回聖僧。此後萬回又有了「和合」的名目，並被視爲「團圓之神」，還被暱稱爲「萬回哥哥」。

宋時，百姓在臘日祀萬回哥哥，其像「蓬頭笑面，身著綠衣，左手擎鼓，右手執棒，云和合之神」。民間祀萬回哥哥，認爲

萬回哥哥　（明）

在萬里之外的親人可使其回家團圓。人們根據「和合」的含義，又將其作爲喜慶之神，並由一神而衍爲二神——寒山和拾得。

## ㈡寒山與拾得

寒山，又叫寒山子、貧子，是唐代詩僧。寒山在唐貞觀年間隱居天台山寒岩，因而自號「寒山子」。他常去國清寺，「望空噪罵」。寺僧轟他，則哈哈大笑而去。寒山在國清寺還當過一段燒火打雜和尚。寒山「後於寒岩終身石穴，縫泯無跡」（《集說詮眞》）。看來，寒山也是個不同尋常的和尚。

寒山與國清寺的拾得和尚非常要好，二人常吟詩唱偈，並有詩題於山林間。後人把寒山詩集成卷，名《寒山子詩集》，收詩三百餘首。他的詩雖帶有佛門規戒說教的色彩，但能針砭時弊，兼及世態炎涼。語言淺近，風格自然。清代大學者紀昀認爲他的詩「有工語，有率語，有莊語，有諧語」。「五四」以後，寒山詩曾被譽爲我國文學史上重要的白話詩，在國外亦有一定影響。

拾得與寒山齊名，二人被相提並稱。拾得也是唐貞觀時人，從小是個孤兒。相傳天台山的封干禪師走山路，在赤城道側拾得一小兒，遂將他帶到天台國清寺當了小和尚，就給他起了個名叫「拾得」。拾得在廚房幹雜役，因與寒山要好，他就把剩飯全裝在竹筒裏，等寒山來時，送給他吃。二人可謂是「貧賤之交」了。拾得也寫了不少詩，多似佛偈，偏於說理。他寫的詩附在了《寒山子詩集》之後。

他倆的交情，在民間還有這樣的傳說：寒山和拾得同住在北方一個村中，雖異姓而親如兄弟。寒山略長，與拾得同愛一女而寒山不知。臨婚時，寒山始知，於是棄家到蘇州楓橋，削髮爲僧，結庵修行。拾得聽說，亦捨女來江南尋寒山。探得其住處後，乃折一盛開荷花前往禮之。寒山一見，急持一盒齋飯出迎。二人樂極，相向爲舞。拾得也出了家。二人在此開山立廟曰「寒山寺」。

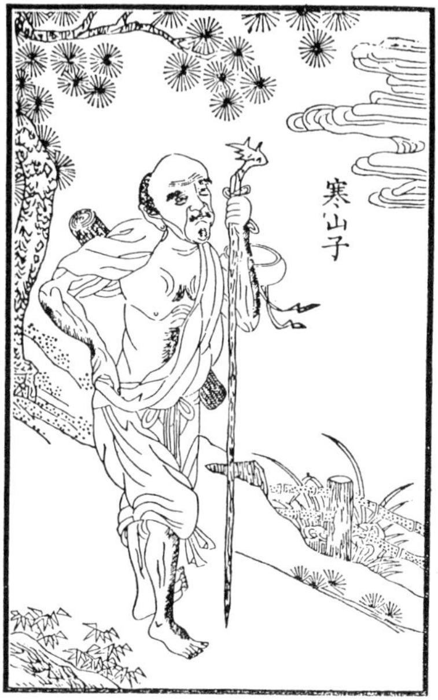


芥子園畫譜（四集）

寒山子　（清）

## ㈢和合——中國的愛神

《事物原會》說：「和合神乃天台山僧寒山與拾得也。」「和合」一詞，有和睦同心、調和、順利等意，最早則見於《周禮・地官》。在「媒氏」疏中云：「使媒求婦，和合二姓。」這應是「和合」之正解，故在民間，原主家人和合的「和合神」，漸而衍變爲婚姻和合之神，且由原來蓬頭笑面、擊鼓執棒的一位神，衍變爲一持荷、一捧盒的二神了。

蘇州著名寒山寺的大雄寶殿後壁，即嵌有清代名畫家羅聘所繪寒山、拾得寫意畫石刻。大殿旁堂屋供奉木雕金身寒山、拾得塑像，一人手持一荷，一人捧一盒，造型古樸，栩栩如生，是佛教藝術中的精品。

中國民俗中，常有用漢語的諧音雙關，來表達某種寓意。一手持荷，「荷」與「和」同音，取「和諧」意；一手捧盒，「盒」與「合」同音，取「合好」之意。寒山正式成爲「和神」，拾得正式成爲「合神」，是在清初，清初雍正十一年（一七三三年）封天台寒山大士爲和聖，拾得大士爲合聖。於是，寒山、拾得「和合二仙」，又作「和合二聖」。和合二仙圖舊時有常年懸掛於中堂者，取諧好吉利之意。又常於婚禮時懸掛，象徵夫妻相愛。民間年畫中，除有《和合二仙》、《和合賜神》等專祀外，還常與其他神仙共祀，如《和氣致祥　一品當朝》、《和合二仙　狀元及第》、《五子奪魁》、《賜福財神》、《端陽慶喜》、《歲朝圖》等。和合二仙成爲最受人們歡迎的民間神祇之一。

## (四)一齣「仙童升天」醜劇

和合本爲幸福美好的象徵，但過去也曾被一些江湖騙子所利用，幹出了極其醜惡的勾當。清朝時候，在廣東長期存在著一個專門用以迷信招搖過市，騙取錢財的江湖黑幫，叫「江相派」。光緒年間，神棍們導演了一齣「仙童升天」的鬧劇。

廣州市東水關濠畔有座仙童廟，奉祀和合二仙童。此廟年代久遠，到光緒初年已破敗不堪。一天，這裏忽然熱鬧非凡，上午十點左右，來了大隊人馬，前頭是由三組八音、三組彩亭、兩組「地色」組成的儀仗隊，後面有人奉著供神的三牲祭品，再後是樂隊，接著是一大群手捧戒香，口誦經懺的善男信女。這一伙人來到仙童廟前，並不進廟參神，而是佇立濠邊，像等待著什麼，引得無數百姓前來觀看。爲首的是「神功會」的馮案首，他聲稱十多天前夢見和合二仙於今日午時「升天」。

芥子園畫譜(四集)

拾得子 (清)

姓馮的話未了，又來了第二隊儀仗和善男信女，不久又來了第三隊，第四隊，人山人海，鑼鼓喧天，弄得本地許多愚男蠢婦也紛紛拿來香燭迎接仙童了。

中午時分，人們等得十分焦急，

突然「奇蹟」出現了，只見在東關濠水面上，不知從何處漂來兩具童屍，一具穿大紅緞衣，黃綢褲；一具穿深綠緞衣，白綢褲；皆梳雙丫角髻，腳踏新麻鞋，打扮得活像畫裏的和合二仙。最令人驚異的是，這兩具童屍雙雙併在一起，逆水而來！

姓馮的案首馬上命幾個道友下水撈屍，頓時鼓樂齊鳴，鞭炮震天，善男信女們忙不迭地焚香點燭，向「二仙」磕頭膜拜。

姓馮的一伙將兩具「仙體」焚化，讓工匠將骨灰摻入陶土，再重塑和合二仙像，這幾人自當廟祝，並募捐修廟。

「仙童升天」一下傳遍了廣州地區，成千上萬的男女來此膜拜，僅香油錢收入，每天至少有三四百兩銀子，這幾個神棍利用死人大發橫財。

「仙童升天」的眞相，一百年後才由黑幫中人揭露出來。原來，那個馮神棍讓助手在外地收養了兩個小乞丐，好吃好喝地養了半年，養得白白胖胖。在「升天」之前，給他們穿上綢緞彩衣，並用線全身縫合，以防被水沖走，再梳好雙丫角髻，「道具」就做成了。頭天夜裏把兩個「仙童」活活淹死，用鐵錨繫著，沉在仙童廟下游不遠處。另在仙童廟上游不遠處停兩艘小船，放下兩根纜繩，繩端有鐵鉤鉤住童屍腰帶，再繫上重物，免得浮上水面。到「升天」日的正午時分，大船上的人把繫著童屍的繩子剪斷，屍體浮出。小船人趕緊收纜繩，屍體便逆水而上了。（于城〈迷信職業集團「江相派」〉，載《廣東風情錄》）

神棍們導演的鬧劇，哄騙了無數善良人，兩個無辜兒童成了他們的犧牲品。可惜，「因果報應」在現實生活中並不存在，否則，和合或兩個冤死小兒，一定會變成厲鬼來向馮的一夥索命的！

## ㈤寒山寺鐘聲遠揚

張繼的《楓橋夜泊》作為千古絕唱，不但令寒山寺名聲大振，而且也使寒山寺的鐘聲遠揚。

和合二仙　（清）

鐘，我國古已有之，本為禮樂之器，所謂「鐘鼓干戚所以和安樂也」（《禮記・樂記》）。春秋時期，已出現製作精緻的黃鐘、朝鐘、編鐘和特鐘（亦名「鎛」）。東漢時佛教傳入中國後，鐘以及鼓成為佛教的法器。佛寺之鐘分為大鐘、堂鐘和殿鐘。大鐘懸於鐘樓，早晚及舉行法會時敲擊，用來號令闔山諸堂。寺廟鐘聲又有警醒僧俗沉迷的功用。《敕修百丈清規・法器章》稱：

大鐘，叢林號令資始也。曉擊則破長夜，警睡眠；暮擊則覺昏衢，疏冥昧。

難怪杜甫在《游龍門奉先寺》詩中道：「欲覺聞晨鐘，令人發深省。」

鐘聲還有超度衆生，尤其是超度地獄幽冥衆生的象徵意味。《行事鈔》稱：「若打鐘時，一切惡道諸生，並得停止。」〈鳴鐘想念偈〉亦云：

願此鐘聲超法界，鐵圍幽暗悉皆聞。
聞塵清淨證圓通，一切衆生成正覺。

打鐘講究節奏、速度，鐘聲抑揚頓挫，傳之既遠，回蕩不息。《敕修百丈清規・法器章》稱：「引杵宜緩，揚聲欲長。凡三通，各三十六下，總一百八下。起止三下稍緊。」爲何要擊一百零八下？有兩種說法。一說是應十二月、二十四氣、七十二候總和之數（《格致鏡原》引〈紺珠〉）。一說以「百八鐘」破除一百零八種煩惱（《大智度論》卷七），故又有「聞鐘聲，煩惱清，智慧長，菩提生」的說法。

寒山寺的鐘聲最爲著名，鐘樓建於佛殿後東北角，這與一般寺廟皆不同。唐代古鐘早已失傳，以後明朝嘉靖年間重鑄巨鐘，但清末被盜，流落日本。光緒末年，日本人士仿造一唐式青銅乳頭鐘送還寒山寺，現懸於大殿左側。今鐘樓內大鐘爲清光緒年間江蘇巡撫陳夔龍修寒山寺時仿舊鐘樓式新鑄，鐘高一人，需三人合抱其周，堪稱巨製。以杵撞擊，古刹鐘聲，回蕩悠揚，頗有詩境再現之感。近年來，除舊迎新之際，蘇州廣播電台都要播出寒山寺的鐘聲，深受人們歡迎。日本友人來蘇州遊覽，無不參拜寒山寺。每年除夕午夜，數以百計的日本人專程來寒山寺聆聽神往已久的百八鐘聲。這打鐘活動已成爲中日民間的一種友好文化交流。

# 十四　月下老人

願天下有情人，都成了眷屬；
是前生注定事，莫錯過姻緣。

這是掛在杭州西湖孤山之下，白雲庵中的月老殿的一副聯語。殿中供奉的是月老。我國至今還有些人稱媒人爲「月老」，有的媒人、各種婚姻介紹所也自稱「月老」。其實，「月老」是「月下老人」的簡稱。月下老人是我國神話傳說中，專管婚姻的神。這位「媒神」由來已久，裏邊還有個十分有趣的故事。

據說唐代有個叫韋固的人，從小是個孤兒。長大後，一年路過宋城（今河南商丘縣南），住到城裏的南店。一天晚上，他碰到一位奇異的老人，正靠著一個布口袋坐著，在月光下翻著書。韋固問他所檢何書？老人答道：「天下之婚牘耳。」韋固又問袋中何物？老人說：「赤繩子，以繫夫婦之足，雖仇敵之家，貧賤懸隔，天涯從宦，吳楚異鄉，此繩一繫，終不可逭。」——此即流傳千年的俗語「千里姻緣一線牽」的出處。韋固趕緊問自己的未來老婆是誰？老人翻書給他查了一下，說是店北頭賣菜的瞎老太太的小女兒，剛剛三歲。韋固一聽大怒，暗中派僕人去刺殺這個小女孩。僕人作賊心虛，沒能刺死女孩，只傷了她的眉心。韋固和僕人連夜逃跑了。

過了十多年，韋固當了兵，勇武非常。刺史王泰看上了他，就把女兒嫁給了他。姑娘模樣不錯，可就是眉間老是黏著貼花。韋固怪而問之，始知此女正是過去所刺幼女，王刺史撫養她，當成了親閨女。韋固才知「天意」不可違，便和這位「賣菜眇嫗女」結成良姻，二人相親相愛，「所生男女皆貴顯」。宋城縣令聽說了，把韋固住過的客店起名叫「定婚店」，還親自題寫了匾額。這個故事載於唐·李復言的《續幽怪錄》。

這個故事流傳極廣，明初劉兌還專門編了一齣《月下老定世間配偶》雜劇，即演此事。《紅樓夢》第五十七回中，薛姨媽對黛玉、寶釵說：「自古道：『千里姻緣一線牽』。管姻緣的有一位月下老人，預先注定，暗裏只用一根紅絲把這兩個人的腳絆住，憑你兩家隔著海，隔著國，有世仇的，也終久有機會作了夫婦。……若月下老人不用紅線拴的，再不能到一處。」可見「月老」的權力之大。所以，舊時一些追求美好婚姻的癡情男女，多祈求月老爲他們拴上紅線，可惜月老「不長眼睛」，常常拴錯。而月下老人的「婚姻注定」宿命論，也成了無數女子忍受不幸婚姻的「理論根據」（當然還有那吃人的傳統倫理道德）。

不過，在舊時的癡男情女的心目中，月下老人畢竟是一位寄託著自己美好理想的「幸福之神」，而且老人閱歷深、經驗多，比較牢靠，不像西方的「安琪兒」（小天使）年幼而無知。

月下老人　（清）

舊時還出現了專職的「月老」——媒婆，專管說媒拉縴。如今月下老人在腳上拴紅繩的故事，大概沒有什麼人相信了，但「月老」的職能不可低估，有多少青年男女、大齡青年，乃至單身老人，在盼望著今天的「月老」來引線搭橋吶，這裏還用得上中國的一句老話：「願有情人終成眷屬」。

至於拴紅線的習俗，在唐已有

。唐代史書上記載了這樣一件事。荆州都督郭元振，年長尙未婚配。宰相張嘉振見他有才幹，長得相貌堂堂，就想納他爲婿。因一時找不到媒人，張宰相想了個辦法：讓他的五個女兒全坐在布幔子後面，每人手中各拿一根紅絲線，將線頭露在外面。讓郭元振隔著幔子去牽，牽到哪個姑娘手裏的紅絲線，就以誰爲妻，郭元振一下牽到了漂亮非凡的張家三小姐，倆人結下了美滿良緣。

最初婚禮上有拴紅線的儀式，到了宋代，逐漸演化爲「牽紅巾」了。宋人吳自牧在《夢粱錄·嫁娶》中，有詳細記載。到了清代，又變成在婚禮上，扯起紅帛或紅布，新郎新娘「各持一端，相牽入洞房」。這種情景在古裝戲劇中，十分常見。

婚禮上「拴紅線」的風俗，不僅漢族有，我國一些少數民族，像傣族、白族、蒙古族、高山族等，都有拴紅線、牽紅巾的婚俗。這種習俗，因含有「同心相結、白首偕老」的美好寓意，所以直到今天，有些地方的婚禮上，還能見到。這也使月下老人可以聊以自慰了。

## 十五　月光菩薩

我國古代情人熱戀時有在月下盟誓定情、拜禱月神的習俗。有些失散的戀人，也拜求月神祈團圓。

元代著名雜劇大家關漢卿寫過一齣《拜月亭》（全稱《閨怨佳人拜月亭》），劇中尚書之女王瑞蘭與書生蔣世隆在兵亂中邂逅相遇，二人患難中產生愛情，結爲夫妻。後王蔣二人被王尚書强行拆散。夜間，瑞蘭在庭中拜月，祈求月神保佑自己能與丈夫蔣世隆重新團聚。最後二人終於團圓。《西廂記》裏的崔鶯鶯，也虔誠地對月神傾訴希望遇上意中人的衷腸。

月光菩薩　（清）

在清初，丁耀元所著《續金瓶梅》第十八回中，一對癡男怨女鄭玉卿和銀瓶私嚐禁果後，便雙雙對著月神賭誓永不變心：玉卿、銀瓶於是推開樓窗，雙雙跪倒道：「我兩人有一人負心，就死於千刀萬劍之下。」

這些是當時世俗戀情生活的眞實寫照。

月神，是中國民間最流行的俗神之一。月神又叫太陽星主、月姑、月宮娘娘、月娘、月光菩薩等。

崇拜月神，在中國由來已久，在世界各國中也是普遍現象，這是源於原始信仰中的天體崇拜。古人對月亮的盈缺抱有很大的神祕感，而月球表面上的不規則黑斑，又誘發出人們的種種幻想。在古代的漫漫長夜中，月亮給人帶來了光明。夜空中最明亮的自然是月亮，所以月亮又稱「大明」，並常與太陽並稱。漢字「明」是個會意字，即「日月爲明」。月亮以其光明給人們的生產和生活帶來便利，當然會受到喜愛和崇拜。我國月亮神話中，最有名的要算「嫦娥奔月」了。

嫦娥，又作常羲、常儀、姮娥、常娥，傳說是羿的妻子。據《淮南子》記載，羿本是一位天神，帝堯時，天上有十個太陽一齊出來，曬死了草木，烤焦了莊稼，百姓們無吃無喝，奄奄待斃。於是帝堯派羿下凡，到人間去救助百姓，羿用弓箭一連射下了九個太陽，還除掉了大地上的毒蛇猛獸，使百姓們得以安居樂業。

不料，被射下的九個太陽都是天帝的兒子，天帝十分惱怒，便將羿及其妻嫦娥都貶到人間，不得上天。但他倆還想回到天界去，聽說西王母有不死之藥，羿便去尋找。西王母很同情羿的遭遇，便把藥給了他，並說：「這藥，你夫婦倆吃了準保長生不死，要是一個人吃了，還能升天成神。」誰想，嫦娥知道詳情，有了私心，就偷偷一人吃掉了，果然身體輕飄飛上了天，她怕到天廷受到眾仙恥笑，只好奔往月亮。這就是廣爲流傳的「嫦娥奔月」。《山海經》、《搜神記》等古籍中，都有類似記載。嫦娥奔月後成了月亮的主人，即成了月神娘娘。

月亮上的暗影，古人想像爲蛤蟆、兔子和桂樹。兔子在人們心目中，是一個可愛、和善的小動物，還附會書「白兔搗藥」的說法，藉月兔宣揚長生不老。古代印度也認爲月中有兔，並被儒教所吸收利用。

民間傳說，月神常常化爲月華，降到人間，遇之者拜求福祿即得。但更常見的習俗，是向月光菩薩祈求美滿姻緣，如前文所說，甚至單相思的戀人也要請月神來評理。明代有一首《桂枝兒》唱得有趣：

悶來時獨自在月光下，想我親親想我的冤家。月光菩薩，你與我鑑察：我待他的真情，我待他真情，哥！他待我是假！

還有一首《月》唱的是：

悶懨懨獨坐葡萄架下，猛抬頭見一個月光菩薩。菩薩你有靈有聖，與我說句知心話。月光華菩薩，你與我去照察他，我待他是真心，

《秦樓月》中拜月密誓　（清）

菩薩，他倒待我是假！

男女談情說愛常常在花前月下，月光菩薩是位慈悲爲懷的女神，情人們自然願意在她面前賭誓或請他來鑑察評理啦。

有趣的是，我國許多少數民族也盛行拜月風俗，其中不少也與愛戀有關。如苗族的「跳月」，每逢中秋之月，明亮的月光照遍山寨，村民們合家團聚後，都要到山林空地上，載歌載舞，舉行「跳月」活動。青年男女在「跳月」中，相互尋找心上人，傾吐愛慕之情，永結百年之好。

有些地區還盛行「偷月亮菜」的習俗。中秋之夜，姑娘們選好自己心上人家的菜園子，去採摘瓜菜，「偷」得別人家的菜或蔥，暗示著即將遇到如意郎君了。所以，流傳著「偷著蔥，嫁好郎；偷著菜，嫁好婿」的民諺。侗鄉姑娘則公開去「偷」，「偷」完還有意高聲叫喊：「喂！你的瓜菜我扯走了，你到我家去吃油茶吧！」原來，她們這是借助月宮娘娘來牽紅線吶！如果能摘到一個並蒂的瓜果，就會大喜過望，認爲這暗示著將來小倆口的愛情生活幸福。因此，成對生長的豆角，便成了姑娘們獵取的對象。

古樸的拜月習俗，包含著純眞的審美情趣。

# 十六　泗州大聖

封建時代，儘管戀愛婚姻不自主，但總有一些大膽男女，衝破桎梏枷鎖，暗中幽會情人，偷偷相愛，乃至私定終身。這種情形在古典文藝作品中，有大量反映，著名的明代短篇小說集《三言》、《二拍》、《歡喜冤家》、《情史》等書中即佔有不少篇幅。

泗州大聖　（明）

現實生活中的這種自由戀愛總是不大順利的，會受到來自社會各方面的破壞與阻撓，以至鬧到一些癡情男女殉情而亡。在這種情況下，相愛的男女極想得到神明的護佑，除了向一些大神如釋迦佛、觀音菩薩禱告外，在廣東福建等地，舊時還有向泗州大聖祈拜的風俗。

泗州大聖又叫泗州佛。據《

三教源流搜神大全》卷二說，泗州大聖本是西域僧人，唐朝高宗時來到長安、洛陽等地教化，後來又去了江南，定居於泗州（今江蘇泗縣）。他常手拿楊柳枝，四處說法。有人問他：「師父姓什麼？」他說：「姓何。」又問：「師父何國人？」他答道：「我是何國人。」他所說的何國，是在西域的碎葉國以北。

他來到泗州打算蓋座廟宇。他住在一戶姓賀的人家裏，指著這塊說：「這裏本來是座佛寺。」人們按他說的掘地三尺，果然挖出一塊古碑，上刻「香積寺」三個大字，還挖出了一尊金佛像。唐中宗聽說了，便把他請進宮中，爲自己講道。高僧圓寂（去世）後，歸葬泗州，並膝身起塔。人們常在寶塔頂端見一小和尚坐在上面，便認爲這泗州佛「顯聖」，於是朝拜者絡繹不絕，求財者得財，求子者得子。據說唐中宗曾經問過那位一日可往返萬里路的飛毛腿萬回：「這位僧伽大師到底是什麼人吶？」萬回說：「他是觀音菩薩的化身。」於是，世間都說泗州佛是觀音大士所應化。泗州普照寺也成了僧伽大聖的道場。

至於泗州大聖成了情侶們拜祈的對象，那是另有原因。福建惠安和晉江兩縣交界處有一條洛陽江。這裏水流湍急，十分危險。相傳宋朝時，蔡襄母親懷他時過江，在船上擔驚受怕吃了苦頭，上岸後便說：「我兒誕生後，若能做官，一定在這裏造一座橋，便利行人。」後來襄果然當了泉州太守，便來這裏造橋。可江水湍急，放入水中作橋基用的大石條都被沖走，急得蔡襄束手無策。

這一天，有個白髮老翁搖來一隻小船，船上坐著一位絕色女郎，船停在了江心。老翁對岸上人們說，誰要是用錢擲中他女兒，就把女兒嫁給誰。於是成群的人跑來江邊投錢，可哪裏投得中？投來擲去，錢全落在了江心。

原來，老翁是土地爺變的，姑娘是觀世音變的。他們天天早上出現在江中，傍晚就划走了。幾個月後，落在江心裏的銀子銅錢不計其數，成了洛陽橋的墊基石。

觀音菩薩的大功就要告成了，一個聰明的泗州人也來試試運氣，他偷偷轉到姑娘背後，抓起一大把碎銀子，往她頭上扔去，漫天的碎銀果眞有一塊落在了姑娘的頭髮上，眾人見了齊聲喝采。

老翁便叫這位幸運兒到涼亭去議婚。這位泗州人往涼亭上一坐，就起不來了。原來他的靈魂被觀音菩薩度化到西天成佛去了，而肉身留在了亭中，成了民間膜拜的泗州大聖。

這個民間傳說很受世俗歡迎，於是惠安、晉江等地的百姓修了許多供奉泗州佛的涼亭。人們說，遭到婚變受挫的泗州佛，對人世間癡情的男女極爲同情，惺惺惜惺惺。熱戀中的情侶，如果碰到了麻煩事，婚姻受挫，這些失戀者只要在泗州佛的腦後挖下一點泥巴，偷偷撒在愛人身上，愛情婚姻就會得到圓滿結局。可憐當地的泗州佛們，竟沒有一個能保住自己完整腦袋的，後腦勺大都被多情女子癡心漢們挖去了半個。

# 十七　七星娘娘

在我國南方和臺灣一帶，民間曾十分盛行崇拜七娘媽。七娘媽又叫七娘夫人、七星媽、七星夫人，塑像或畫像為七位端莊溫柔的婦女。

七星娘娘本被奉為保護孩子平安和健康的神。古代醫學遠不如現今發達，孩童幼嫩抵抗力差，常受各種疾病侵襲，幼兒的死亡率很高。民間即將命運寄託在神明身上，七星娘娘作為護子神之一，很受崇拜。孩童疾病纏身時，便去七娘廟中祈願，有的還讓孩子認七娘媽為「乾媽」，這不過是幻想借之神助，以佑護孩童平安無事罷了。有的家長還給孩童「請」來鑄有七娘媽名號的「長命鎖」或書有「乾媽」大名的護身符，這也是古代巫風迷信的孑遺。

臺灣民間還流行一種「成丁禮」，即男孩子長到十六歲時，在農曆七月初七那天，父母帶著小伙子拿著供品去七娘廟「酬神」，感謝七娘媽保護自己孩子，度過了幼年、童年和少年時代，終於長大成人了。姑娘家長到十六歲時有的也要祭謝七娘媽，還要宴請親朋好友，高高興興的慶賀一番。

大概人們感到七娘媽有如人間爹娘，把孩子拉扯大了，費盡心血，但還沒操完心，還要幫著兒女解決終身大事，才算對得起兒女，這是中國幾千年儒家思想的傳統。所以民間又有七娘媽將塵世成年的未婚姑娘小伙分門別類，呈報天庭的說法。傳說每年七月初七過後，七娘媽就把造好的未婚男女花名冊，送交月下老人。月老檢點後，便仔細審查各人的品貌、脾氣秉性，尤其是之間的緣分，把未婚男女排列組合爲最佳配偶，然後登入婚書。並說月老還要用粘土將每對情侶塑成泥人，然後用紅線把他們的腳拴上，曬乾後再放入配偶堂，算是完成了任務。

那麼世俗中爲何出現一些不匹配的婚姻和離婚現象呢？答案倒很有趣：原來曬泥人時，突然天降大雨，有些泥人被淋得一塌糊塗，面目皆非，等月老把它們重塑後，因次序已亂，只好亂點鴛鴦譜。這些人成家後便出現了不少麻煩。當然這種傳說很可笑，而且充滿了宿命論觀點。其實，不合理的婚姻完全是社會造成的。

七星娘娘　（清）

至於七娘媽的來歷，也有些莫名其妙。原來七娘媽即七星娘娘，本是織女星。織女被說成是天帝之女或天帝外孫，是一位專司桑木與織絲的女神。織女星被神化和人格化以後，與牛郎（牽牛星的神化和人化）相愛的故事，在中國家喻戶曉。

但織女爲何一分爲七，成了七星

娘娘呢？織女星在天琴座，共有三顆星而不是七顆星。織女星演變爲七星娘娘，大概是由民間流傳的七仙女的故事附會而成。七仙女本來都是織女，在老百姓的心中和口中，變成七星娘娘自然也不是什麼難事，只要人們需要即可。請看，中國衆多的神明，不都是這樣「變」出來的嗎？

## 十八 牛郎織女

古人曰：「食色，性也。」（《孟子·盡心上》）是說吃喝得好些和享受男女情愛，乃人之本性。又曰：「飲食男女，人之大欲存焉。」（《禮記·禮運》）强調吃飯和兩性生活，是人們最基本的慾望。

可以說，人類誕生伊始，人們就開始追求自由幸福的愛情生活，這不僅僅是人類自身生殖繁衍的動物性需要，同時更是人類高尙的情感追求的精神需要。愛情，是人類在社會生活中，進化、發展和升華的美果。性文化是人類文化中最重要的組成部分之一。儘管中國千百多年傳統的禁錮與壓制，但無數癡男情女爲追求自由戀愛，進行了英勇的抗爭。漢代卓文君與司馬相如的愛情追求，爲突出代表。但在民間影響最大並被神化了的，則是牛郎與織女，他們是中國的自由愛神。

牛郎織女的故事爲中國四大傳說之首（中國四大傳說是《牛郎織女》、《孟姜女》、《梁山伯與祝英台》、《白蛇傳》）。牛郎與織女最初源於原始信仰中的星辰崇拜，是星宿的神化與人格化。中國有不少神就是走這條路子，如二十八宿、青龍、白虎、朱雀、玄武、魁星、南極老人星（壽星）等皆是。

牛郎織女　（清）

牛郎星即牛宿，又叫「牽牛星」，是二十八宿之一，爲北方玄武七宿的第二宿。共有六顆星，其中三顆星組成的形狀，宛如一個人挑著一副擔子在趕路。它是夏秋夜空中著名的亮星，與「織女星」隔銀河相對。織女星又叫「天孫」——天帝的孫女。共有三顆星，成等邊三角形，在銀河西邊，與銀河東邊的牽牛星相對。

早在春秋時期成書的詩經中，就有了牛女二星的記載，但尚無故事情節，至漢時已被人格化。《古詩十九首・迢迢牽牛星》唱道：

迢迢牽牛星，皎皎河漢女。纖纖濯素手，札札弄機杼……盈盈一水間，脈脈不得語。

東漢以後，牛郎織女的愛情故事便在民間廣泛流傳了。大意是說：

織女是玉皇大帝的孫女，能織得一手雲錦天衣。人間有個不幸的孩兒叫牛郎，跟著兄嫂過日子，可兄嫂不長好心眼，把牛郎趕了出來，只給了他一頭老牛。有一天織女和其他仙女下凡遊玩，在河中洗澡。牛郎在老牛的指點下，偷偷拿走了織女的衣裳，織女也很喜歡這個小伙子，二人便結爲夫妻。

婚後，小倆口男耕女織，相親相愛，生了一兒一女，日子過得很美滿。不料此事被玉帝查覺，便派王母娘娘下凡押解織女回天庭受審。一對恩愛夫妻被活活拆散。

牛郎悲痛萬分，垂死的老牛叫牛郎在它死後剝下皮來，披在身上，便能上天。牛郎照著做了，並用籮筐挑著一兒一女，上天去追愛妻。眼看就要追上，王母拔下頭上金簪，憑空一劃，立時出現一條波濤滾滾的天河。小倆口無法過河，只有隔河對泣。最後，終於感動了玉帝，允許他們每年七月七日，由喜鵲架橋，在天河相會。傳說在這天晚上，到了夜深人靜的時候，人們在葡萄架下還能聽到牛郎和織女的竊竊細語吶！要是天上落下雨點，那就是他倆傷心的眼淚。

牛郎織女　（清）

美麗動人的傳說，顯示了人們對這一對忠貞相愛（毫無庸俗的門第等級觀念）戀人的深切同情和頌揚。他們那種男耕女織，相親相愛，美滿幸福的家庭生活，也反映了廣大群眾，尤其是婦女們對美好生活的憧憬與追求。

人們祭拜牛郎織女，還與民俗節日結合了起來。農曆七月初七，是牛郎與織女鵲橋相會的日子，民間又稱「七巧節」、「乞巧節」。姑娘媳婦們在這一天，要穿針引線乞巧——向織女乞求智巧、靈巧。唐人〈七夕〉詩曰

：

向月穿針易，監風整線難。
不知誰得巧，明月試看看。

圍繞著「乞巧」，又生發出來乞聰明、乞富貴、乞美貌、乞長壽等，其中自然少不了乞良緣。

那天夜晚，過去上至王公貴族，下至平民百姓，都有對著星空祈禱自己姻緣美滿的習俗，有的地區，還有七位姑娘相聚，組織「乞巧會」，取苧麻織成的七尺長布一幅，各剪一尺以遮目，視牛女雙星，以所見景象來卜終身好壞。

舊時各地都有一些織女廟，用以祭祀這對自由愛神。其中江蘇太倉的織女廟最有名。今天臺灣臺北市的北投，還有座著名的「情人廟」。廟裏供奉的即牛郎織女，廟聯寫的是：

真情無人見；假情天有知。

廟內一塊雞心石上還刻了一首小詩：

情人雙雙到廟來，不求兒女不求財。
神前跪下起過誓，誰先變心誰先埋！

廟內還有卓文君和司馬相如像，二位雖未成神，但在許多癡男怨女心目中，是神聖的偶像。

# 十九　子孫娘娘

「多子多福」的舊觀念和對生育科學的無知，使得舊時民間將生育保育的希望寄托於神，而且多多益善。衆多的送子、佑子神中，除了有些名目、來歷的以外，還有不少「概念化」的子孫娘娘。

如廣州著名的祈子神廟——金花廟中，主神爲金花夫人（見〈金花夫人〉一節），附祀的有張仙、華佗、月老、花王、桃花女、斗姆等，大都與生育有關。廟內還有二十奶娘神像，則皆與生育有關。這二十位子孫娘娘的名目如下：

保痘夫人胡氏　梳洗夫人張氏
教食夫人劉氏　白花夫人曹氏
養育夫人鄧氏　血刃夫人周氏
轉花夫人寧氏　送子夫人謝氏
大笑姑婆祝氏　剪花夫人吳氏
紅花夫人葉氏　小笑姑婆黃氏
羊刃夫人蘇氏　瀨花夫人林氏
保胎夫人陳氏　教飲夫人梁氏
教行夫人黃氏　腰抱夫人萬氏
栽花夫人杜氏　送花夫人蔣氏

所謂「花」者，乃借指胎兒、嬰兒，「白花」指男孩，「紅花」則指女孩。「轉花」，是指女轉男。這裏娘娘眾多，分工細緻，從投胎、懷胎、定男女、保胎到生產、養育，乃至吃、喝、梳洗、行走、去病等無所不包，所以極受婦女們的歡迎與崇拜。正如清道光時《佛山忠義鄉志》卷十四所說：「金花會盛於省城河南，鄉內則甚少。惟婦人則崇信之。如亞媽廟各處，內列十二奶娘，婦人求子者入廟禮拜，擇奶娘所抱子，以紅繩繫之，則托生爲己子，試之多驗。然年卒不少。」

我國地域極爲遼闊，各地的子孫娘娘雖大同小異，但名目已有一些區別。如北京著名的東岳廟內「娘娘殿」中，所供九位娘娘分三組奉祀：

右

送生娘娘（左）
培姑娘娘（中）
催生娘娘（右）

催生送子娘娘　（清）

中

眼光娘娘（左）
天仙娘娘（中）
子孫娘娘（右）

左

乳母娘娘（左）
斑疹娘娘（中）
引蒙娘娘（右）

這九位子孫娘娘在北京崇文門外南藥王廟的

「娘娘殿」中也同樣供奉，而且她們的牌位上寫的是全銜，按照她們的級別分別為：

(1)天仙聖母永佑碧霞元君
(2)眼光聖母惠照明目元君
(3)子孫聖母育德廣嗣元君
(4)痘疹聖母立毓隱形元君
(5)斑疹聖母保佑和慈元君
(6)送生聖母錫慶保產元君
(7)催生聖母順度保幼元君
(8)乳母聖母哺嬰養幼元君
(9)引蒙聖母通穎導幼元君

這裏痘疹娘娘換下了培姑娘娘，這些牌位倒很難得，把諸位娘娘的職能說得明明白白。不過，娘娘中除碧霞元君外，皆有名無實，雖如金花廟中的二十奶娘分別安上了個姓氏，但也是「有姓無實」，無從考證。這些眾多的娘娘該是由一位主神娘娘，通過人們的聯想而衍化出來的掌管各種與生育有關的化身娘娘，個別的或許與當地某一著名的女姓有關，大多沒有也不必有什麼來歷，婦女們只管拜神求嗣，沒有哪個敢去探聽、研究娘娘們的身世！

臺灣的子孫娘娘則叫「註生娘娘」，所謂「註生」，是執掌生育之事。這位注生娘娘還是大陸傳過去的，她就是福建的臨水陳夫人，又叫大奶夫人。順懿夫人（有關臨水夫人事可見該節）。註生娘娘手下也有不少附祀娘娘，當地稱「婆姐」。福州的註生娘娘廟，在主神兩側，立有三十六位婆姐，而臺灣和福建其他地方的注生娘娘廟中的婆姐，一般爲十二位。十二婆姐的名稱如下：

⑴註生婆姐陳四娘
⑵註胎婆姐葛四娘
⑶監生婆姐阮三娘
⑷抱送婆姐曾生娘
⑸守胎婆姐林九娘
⑹轉生婆姐李大娘
⑺護產婆姐許大娘
⑻註男女婆姐劉七娘
⑼送子婆姐馬五娘
⑽安胎婆姐林一娘
⑾養生婆姐高四娘
⑿抱子婆姐卓五娘

這裏面也有一位轉生娘娘。其實，轉生（即轉身）是佛教的說法。據說西方極樂世界的教主阿彌陀佛，曾立下四十八誓願。其中第三十五願爲「女身往生願」，即所謂「轉女成男願」

。說什麼女人經過修行，來世可轉個男身，做個男人。在古代，一般女人生活在社會最底層，苦楚最多，再加上重男輕女的社會偏見，使婦女深感作一個女人的艱難，願意來世「脫生」個男人。佛教根據這種需要，於是有了一部《轉女身經》，經文中歷說了女身的種種苦惱，佛祖特意給尙在母胎中的無垢女——舍衛城的大闊老、釋迦的大施主之女，說轉女成男之法，共有十法。

「轉身」之說，滿足了不少婦女的願望，因爲今世並不需要「驗證」，倒也頗能迷惑人。所以《紅樓夢》中地藏庵的姑子勸惜春道：「修修來世或者轉個男身，自己也就好了。不像如今脫生個女人胎子，什麼委屈煩難都說不出來。」（第一百十五回）

天津天后宮中的子孫娘娘也很有代表性。正殿中的主神是天后聖母，左右則是她的化身娘娘：

眼光娘娘——手中托有一只大眼，象徵明目去眼疾，雅稱是「眼光明目元君」。

子孫娘娘——手抱小兒，身背口袋，袋內裝滿小孤，雅稱是「子孫保生元君」。

耳光娘娘——雙手捧著一個人的耳形，雅稱是「耳光元君」。

斑疹娘娘——左手握著一件形似蓮蓬的東西，上有許多斑點，雅稱是「斑疹回生元君」。

千子娘娘——身上爬滿了小孩，雅稱是「千子元君」。

引母娘娘——手領孩子，小孩作半爬伏狀，雅稱是「引母元君」。

乳母娘娘——懷抱小兒作哺乳狀，雅稱是「乳母元君」。

廟中的鳳尾殿裏也供有十幾位娘娘，主神爲碧霞元君（泰山娘娘），其中的送生娘娘（雅號是「隨胎送生變化元君」）十分奇特。這位娘娘被塑成爲兩面人，前面是善臉，慈眉笑目；背面是惡臉，凶惡駭人。據說這位娘娘把小孩送生到人世時，唯恐孩子留戀不捨，所以在送生時，先是善面，然後又回過頭來，露出惡臉，孩子一害怕，就降生了。

看著娘娘們的塑像，你不能不佩服中國人想像力的豐富與奇特。

眼光娘娘　（清）

崇信子孫娘娘與「拴娃娃」的習俗密切相關。「拴娃娃」本是北方的風俗，以後也傳到了南方。清代大學者紀昀曾回憶過他嬰孩時的趣事：「余二三歲時，嘗見四五小兒彩衣金釧，隨余嬉戲，皆呼余爲弟，意似甚相愛，稍長時乃皆不見，後以告先姚安公，公沉思久之，爽然曰：『汝前母恨無子，每令尼媼以彩絲繫神廟泥孩歸，置於臥內，各命以乳名，日飼果餌，與哺子無異。歿後，吾命人瘞樓後空院中，必是物也。』恐後來爲妖，擬掘出之，然歲久已迷其處矣。」（《閱微草堂筆記》卷五〈灤陽消夏錄（五）〉）

南方拴娃娃的習俗，安徽的《壽春歲時紀》所載可見一般：

三月十五日燒四頂山香，山在八公山東北，離城廂約七里餘，山上有廟宇數十間，塑女神曰碧霞元君，俗呼為泰山奶奶。奶奶殿側有一殿，亦塑一女神，俗稱送子娘娘。廟祝多買泥孩置佛座上，供人抱取，使香火道人守之，凡見抱取泥孩者必向之索錢，謂之喜錢。抱泥孩者，謂之偷子。若偷子之人果以神助者得子，則須買泥孩為之披紅掛彩，鼓樂送之原處，謂之還子。

廟裏的「娃娃」大多是泥做的，但東北吉林地區也有紙糊的娃娃，供求嗣者「竊取」。有趣的是，這些「來歷不明」的子孫娘娘竟也有自己的誕辰，並且同在一天！據《晉祠志》所載，農曆三月二十日爲子孫娘娘（當地又稱苗裔神）誕辰，屆時還有祭賽活動，十分熱鬧：

（三月）二十日，土人致祭子孫聖母等神於苗裔堂，演戲、賽會凡三日。遠近丐子者獻膳、獻羊、獻花燭匾額。

## 二十 送子觀音

由於佛教宣稱觀音慈悲爲懷，救助眾生，人們便在她的眾多功能之中，又加上了一項「送子」功能。這完全是世俗的需要，並非出自佛教經典。這也正說明，外來神明要想在中國扎根落戶，必須中國化與世俗化。

佛教中，有六觀音、七觀音、三十三應現身、三十三觀音等說法，但裏面都沒有「送子觀音」。「送子觀音」是道道地地的民間創造。

白衣大士送子觀音　（清）

既然民間造出了「送子觀音」，自然會有不少「靈驗」出現。據清人趙翼《陔餘叢考》記載：

> 許洄妻孫氏臨產，危苦萬狀，默禱觀世音，恍惚見白氅婦抱一金色木龍與之，遂生男。

產婦生產時，痛苦萬狀，求告無援時，是

可以叫喊出任何聲音，信奉觀音大士者，自然會喊出「觀音菩薩」來。「觀世音」者，何謂也？佛門答曰：「何世有危難，稱名自歸，菩薩覓其音聲，即得解脫也。」（《注維摩詰經》）是說，神通廣大的觀世音，在眾生受苦時，口唸她的大名，就會「觀」（而不是「聽」）到這個聲音，立刻前往解救。

再者，產婦在昏迷恍惚中，眼前會「出現」各種物像幻覺的，「看見」觀音菩薩前來送子，在虔誠者的幻覺中是可以出現的，「日有所思，夜有所夢」！這也不足爲奇。

此外，產婦聲稱「見到」觀音菩薩前來「送子」，那麼自己所生之子，當然不同凡響，身價百倍。「母以子貴」，產婦自己在家族中的地位也自然高了許多，寧肯說其有，決不說其無，產婦們何樂而不爲？

由於人們崇拜送子觀音，所以那些沒有兒女的婦女，要到觀音廟裏去「竊取」佛桌上供奉的蓮燈，因爲「燈」與「丁」諧音，偷來觀音的「神燈」，家裏自然會「添丁」。還有些人家，怕兒女長不大活不長，便要送到觀音廟裏去「寄名」，把孩子交給觀音菩薩「照看」，認爲萬無一失。

## 二一　金花夫人

「多子多福，子孫滿堂」，是過去中國傳統的文化心態，是過去幾千年來人們的一大追求。於是拜神禮佛，祈求子嗣，成爲中國大地上極爲廣泛的迷信活動，衆多的送子神仙也就應運而生。送子娘娘多爲女性，除專職的送子娘娘外，還有些兼職的，如碧霞元君、天后、送子觀音等；也有些著名的男性神，如送子張仙、送子彌勒等。這些屬於「通用神」，流行區域廣大。此外，還有一些地方性的送子娘娘，在某一地區備受崇拜，成爲當地大神。廣州的金花夫人即爲其一。

舊時，廣州民間普遍供祀金花夫人，那時廣州許多地方都有「金花廟」，專祀金花夫人，香火很盛。至今廣州還有一條以廟命名的「金花街」，可見其影響之大。傳說農曆四月十七是金花夫人的誕日，是日朝拜者成群結隊，絡繹不絕。

這位金花夫人的來歷如何呢？

據《番禺縣志》稱，金花夫人是當地一金氏之女，姓金名花，叫金花姑娘，十多歲時就做了女巫，是個從事迷信職業的「小仙姑」。她的成仙經過也有些奇怪，《粵小記》云：「（金花）本巫女。五月觀競渡，溺於湖，屍旁有香木偶，宛肖神像，因祀之月泉側，名其地曰惠福湖，曰仙湖云。」

《番禺縣志》卷五十三則說得更具體些：

（金花）少為巫時，稱為金花小娘，後沒於仙湖之水，數日不壞，且有異香，里人陳光見而異之，偕眾舉殮，得香木如人形，因刻像立祠。祈嗣，往往有驗。祠毀，成化五年（一四六九年），巡撫陳濂重建，稱為金花普主惠福夫人。張詡詩：

玉顏當日睹金花，
化作仙湖水面霞；
霞本無心還片片，
晚風吹落萬人家。

嘉靖初，提學魏校毀其祠，焚其像，廣人篤信，於今立金花會，移祠於河之南。

上述所言金花成仙的經過實在沒有什麼說服力。不過是一小女巫淹死於湖中，被好事者附會了一點「仙跡」——「屍旁有香木偶，宛肖神像」，仿照死者遺容用極短時間雕出一個木像，本不是什麼難事，雕好後放在金花屍旁，造神過程便完成了。在中國這塊土地上，有時製造神明、樹立權威便當得很，陳勝、吳廣學了幾聲狐狸叫：「大楚興，陳勝王。」就使全體戍卒乖乖地聽命。再說，金花姑娘為何「溺於水」？還有，據金花廟廟碑記載，金花生於洪武七年（一三七四年），「成仙」於洪武二十二年（一三八九年）三月初七日午時，享年十五。這麼一個小姑娘怎麼管起婦女們的生育來了？又怎麼成了個「夫人」？這些都是問題。

為了解答這些疑問，於是又有了另一種說法，據《粵小記》云：

或曰：神（金花夫人）本處女，有巡按夫人方娩，數日不下，幾殆；夢神告曰：「請金花女至，則產矣！」密訪得之。甫至署，夫人果誕子。由此無敢婚神者。神羞之，遂投湖死。粵人肖像以祀。神姓金，名花，當時人呼為「金花小娘」。以其令佑人生子，不當在處女之列，故稱夫人云。

送子娘娘　（清）

這種說法還算能自圓其說，也總算解答了種種疑問。看來，金花也是個不幸的「仙姑」，名聲倒是大了，能佑人生子，可自己卻連結婚的權利都沒有，苦惱極了，只好投湖自盡，了卻一生。她做夢也不會想到，自己的不幸卻換來數百年興旺的香火！

廣州河南的金花廟是所有金花廟中最大的，規模宏偉，過去曾供有八十餘神及二十奶娘。這些奶娘還都有些名目，如白花夫人（白花指男孩，女孩為紅花）曹氏、養育夫人鄧氏、紅花夫人葉氏、保胎夫人陳氏、腰抱夫人萬氏、送花夫人蔣氏等，這二十位奶娘，各司其職，加上主神金花夫人，都與婦女生育有關。

婦女求子者入廟禮拜，要在二十位奶娘神前各插一炷香，周而復始，直至將手中的一束香插完，看最後一炷插在哪位奶娘面前。這最後一炷很重要，如這位奶娘是抱子的，便預兆得子，要把奶娘中懷抱的童子用紅繩繫上，一邊磕頭，一邊祈禱：「祈子金華，多得白花；三年兩朵，離離成果。」認為即可托生為己子。若面前的奶娘是空手的，就趕快回家，等下次來再碰運氣。只要求子者不厭煩，總有一天會撞上「好運」的。

## 二二　張仙

張仙又稱「張仙爺」，舊時民間信仰很廣。過去世俗家庭常把張仙爺供在屋內，將其紙像掛在煙囪左邊。張仙的「神姿」與一般神仙不同，是一身華麗的貴族打扮，長得面如敷粉，唇若塗朱，五綹長髯，飄灑胸前，真是位美男子！他左手張弓，右手執彈，作仰面直射狀，右上角還常畫有一隻天狗，是一副打獵模樣。

這位張仙爺的雕像或是塑像較少，大多是畫像。說起他的來歷，還頗有些詩意呢。他的前身，就是花蕊夫人的愛夫——五代後蜀皇帝孟昶。

## ㈠孟昶是如何成「仙」的

花蕊夫人　（明）

孟昶的父親，在四川建立了後蜀朝廷，但只當了幾個月的皇帝就死了。孟昶繼位時只有十六歲，他想法收拾了威脅自己的幾個權臣，算個精明幹練的君主。可他又是個有名的荒淫奢侈皇帝，他的生活起居，極其侈豪，就連他的尿壺也用珍珠七寶來裝飾。後來宋太祖趙匡胤發兵攻打後蜀，孟昶兵敗降宋。一次，宋太祖看到了孟昶的「七寶尿壺」，馬上命人毀掉，還對周圍大臣說：「享受到這般地步，怎會不亡！」

孟昶有個心愛的妃子叫花蕊夫人，也被送到汴京，召入皇宮。沒幾天，孟昶就被害死。據說，花蕊夫人初見趙匡胤時，奉命賦了一首〈國亡詩〉：

君王城上豎降旗，
妾在深宮那得知。
十四萬人齊解甲，
更無一個是男兒！

花蕊夫人進入宋宮，但她不忘故主，時時懷念孟昶，就畫了一張孟昶挾著彈弓射獵的畫像，奉祀在室內。一天，趙匡胤入宮，見到這幅畫像，問她是誰，花蕊夫人詭稱道：「此我蜀中張仙神，祀之令人有子。」以後「傳之人間，遂爲祈子之祀云」。（明・陸深《金臺紀聞》）

不過，這裏邊有個問題。孟昶兵敗投降後，被封爲秦國公，來到汴京，趙匡胤親眼見過他，畫像上的孟昶尊容豈能不識？或是這位奪人老婆的皇帝故意裝聾作啞，不便捅破罷了。

不管怎樣，花蕊夫人編造的「神話」，使孟昶成了「張仙」，受到後世的奉祀，這位多情夫人也對得起花天酒地的故主了。

## ㈡張仙的「靈驗」

從宋朝開國皇帝太祖起，張仙便在宮中落了腳，受到皇家的奉祀。嘉祐年間，宋仁宗趙禎年已五旬，尚未有子。一夜，夢一美男子粉面五髯，挾彈而前，曰：「陛下因有天狗守垣，故不得嗣。陛下多仁政，今天我特爲您彈而逐之。」仁宗打聽他的來歷，他說：「我是桂宮張仙。天狗在天上掩日月，到世間專吃小兒，只要一見到我就會逃跑。」仁宗聽了大喜，一踩腳忽然醒了，才知是大夢一場。他馬上命人畫了圖像，掛在寢宮裏。此事載於《歷代神仙通鑑》卷九。可惜，夢想終歸是夢想，仁宗到底沒有得到兒子，只好在親族中收養了一個，立爲太子。

張仙送子　（清）

由於皇家的提倡，張仙信仰很快流傳到民間。而且對其所持武器，又附會了新的說法。古代風俗，生男孩要懸弧矢（弓箭）；張仙所挾「彈」，與「誕」字同音，暗含「誕生」之義。故此，張仙就成爲專管爲人間送子的「誕生之神」。

當時的大文豪蘇老泉蘇洵對人說，他曾夢見張仙，手裏捏著兩個彈丸，以爲誕子之兆。於是老泉虔誠地供奉張仙，後來果然得了蘇軾、蘇轍哥兒倆。（《七修類稿》）爲此，蘇洵還寫了〈張仙讚〉，對張仙感激不已。不過蘇老泉所說的張仙叫張遠霄，是個四川道士。〈蜀故〉載，說他得了「四目老翁」之彈弓，看到誰家有災，瞄準了就是一鐵丸，將災「擊散」。他還常將鐵丸向空中打去，人問之，答道：「打天上孤辰寡宿耳。」人們鋤地掘土，常得其彈子，上有紅點，堅實異常。傳說女子揣在身上，能生兒子。

不管張仙是孟昶，還是張遠霄，老百姓是不大理會的。但盼望張仙能給自己送個兒子，是眞的。「不孝有三，無後爲大」，幾千年的古老傳統對世俗，尤其對婦女是條極其沉重的鎖鏈，她們不能不找幾位送子娘娘（甚至其中有張仙、彌勒之類的男性）來保佑自己。

## ㈢明清及近代的張仙信仰

最初的張仙只有畫像沒有塑像，到了明清，一些道士和住持根據孟昶和花蕊夫人的關係，乾脆把張仙的男像改爲以花蕊夫人爲模特兒的送子娘娘塑像了。一些張仙祠變成了送子娘娘廟。

娘娘廟裏拴娃娃大哥，是已婚婦女重要的一項社會活動。舊時的婦女迷信，婚後爲了早生「貴子」，常先去娘娘廟拴娃娃。所謂「娃娃」，是道士們做的或買的許多小泥人，叫做「百子童」。婦女們把這泥娃娃叫做「大哥」，說是靠「大哥」能招來小弟弟。「大哥」們放在香桌上，供婦女們來抱取，可是不能白拿，有香火道人在旁邊盯著，凡抱取一個「大哥」的，掏錢一百文，說是討個吉利，所謂「長命百歲」。女人家高高興興抱回去一個巴掌大的娃娃大哥，回到家，就跟真事一樣，給小泥娃娃穿上小衣服，打扮一番，再放在床頭旁。要是以後真生了孩子，還得去娘娘廟還願。自己要花錢買十個或一百個小泥娃娃白送給廟裏，這叫「得一還十」、「拴一回百」。這麼一來，廟裏有時泥娃娃多得「娃滿爲患」，老道就在晚上偷偷地扔進河裏。但百姓家的娃娃大哥決不能扔掉，要一直「養」到「老」。每幾年到廟裏換一次，由小到大，等上了年紀，還畫上鬍子。家裏人給孩子買糖葫蘆，也要給娃娃大哥手中插上一串。可不能虧待它！還願，常在農曆正月十五燈節的時候，那一天人山人海，鼓樂喧天，真是熱鬧非凡。

前文提到，每逢過年時人們就花二三文錢，把張仙「請」到家來，貼在煙囪旁。這時的張仙已是清人打扮，身著黃馬褂，綠大袍，手拿弓彈，作向天空打天狗姿勢。畫像兩旁還常貼上一副對聯：

打出天狗去；
保護膝下兒。

橫披是：子孫繩繩。

民間有一種說法，家裏的煙囱沖著天，會有天狗順煙筒鑽進屋裏，嚇唬小孩，傳染天花，禍害兒女。張仙爺守住了煙囱口，天狗就不敢鑽進屋來了。

張仙一般沒有自己單獨的廟觀，多「借」其他神祇的「光」，雜處一起。天津西廟旁有座「張仙閣」，神龕裏的主神即是張仙，十分有名。

## 二三　順天聖母（臨水夫人）

舊時人們常把婦女生產——分娩，稱作「下地獄」、「過鬼門關」，是說女人分娩不但十分痛苦，而且也很危險。在產科還很原始和落後的古代，更是如此。

遠古沒有專職的產科大夫和助產士，出現「穩婆」（收生婆）是後世的事，而且大多是兼職的。穩婆爲舊時的「三姑六婆」之一，屬於三敎九流中的「下九流」，地位很低。在很長的歷史時期內，婦女生產被認爲不潔，所謂「生男育女穢天地」（《劉香寶卷》），要到厠所中，乃至田野、樹林中去分娩。產婦痛苦不堪不說，還極易引起許多婦女病，如大出血、子宮破裂、產褥熱、子宮痛等，甚至有的因爲難產而喪失了生命。

在傳統的舊觀念中，婦女分娩尙屬不潔，因難產而亡的產婦則更受歧視，會被視爲「不祥之物」。她要被打入地獄的血污池中，不得超生，須做水陸道場來濟度。她的遺體不能葬入家族墳塋，甚至不能土葬而被火化。這種遭遇使無數婦道人家不寒而慄，即使後來分娩條件改善了，但難產的陰影還時時在產婦身旁徘徊。

國外有些民族，爲了對付分娩不順利、難產，古代還流行過原始「助產術」——其實就是所謂「魔術助產」。如有的民族把斧頭放在產婦床下，或用鐵鐘敲打床柱，斧子和錘子是北歐神話中雷神的武器，上面的作法據稱是爲了驅逐「惡魔」。有的民族是逮來一隻角鴟進入產室，讓它高聲啼叫——聲音極其難聽恐怖，以此來驚走「惡魔」。還有的拿劍走進產房，在空中胡亂揮舞一陣，然後把劍放在產婦身旁。更有甚者，有個民族盛行在產婦身旁放炮！這一習俗保留很長時間。不用說，上面這些「助產術」，都是爲了「幫助」產婦順利分娩。

因此，女人們把自己生孩子稱作「過鬼門關」，也是自然的了；而婦道人家祈望有一位神明保佑自己順利生產，也是必然的了。神由人興，亦由人造，於是助產神應運而生。中國古代的助產神，除了通用的送子娘娘以外，南方還有一位專職神——順天聖母。

順天聖母叫陳靖姑或陳進姑，又叫臨水夫人、順懿夫人。這是個民間傳說人物。她的事跡載於一些筆記和地方志中，主要事略如下。

陳靖姑傳爲五代或唐時福建古田縣臨水鄉人。父親陳昌做過戶部郎中，母親葛氏，她還有個學道的哥哥叫陳守元。陳守元隱居山中學道，一天陳靖姑去給哥哥送飯，半路上見到一位挨餓的老太太倒在山路邊，不禁動了惻隱之心，便把飯給她吃了。不想這位老人是個仙人，見陳小姐如此善良，便「授以符籙，驅使五丁」。後來當地有白蛇興災吃人，閩惠王延鈞聽說陳靖姑有本事，下詔讓靖姑除害。陳靖姑帶劍入洞，殺死三條妖蛇，爲民除了害。事聞於朝，惠宗封其爲「順懿夫人」（《光緒處州府志》引〈十國春秋〉）。

陳靖姑斬蛇怪，爲民除害事，還載於《三教搜神大全》卷四、《閩雜記》、《台灣縣志》等書中。在我國古代，蛇（尤其是毒蛇）是對人們生命安全威脅很大的動物，特別是它們那醜惡殘忍的形態習性，令人毛骨悚然，十分恐懼。古人認爲蛇是凶神、惡神。迷信蛇的出現是凶兆的信仰由來已久，在《左傳》中就記載著有關蛇的凶兆迷信。（見《左傳》莊公十四年、文公十六年）所以，斬蛇除妖被視爲爲民除害的英雄壯舉，斬蛇者理所當然，受到人們的崇敬。劉邦斬白蛇起義、孫叔敖殺兩頭蛇、少女李寄斬蛇爲民除害等，在歷史上最爲著名。陳靖姑有斬蛇除害的功德，自然深受百姓愛戴。但陳靖姑只有殺蛇事還成不了神，她的「神跡」主要是在「救人產難」上。

據清人謝金鑾《臺灣縣志》載：

夫人名進姑，福州陳昌女。唐大曆二年（七六七年）生，嫁劉杞。孕數月，會大旱，脫胎祈雨，尋卒，年祇二十四。卒時自言：「吾死必為神，救人產難。」建寧陳清叟子婦，孕十七月不娩，神見（現）形療之，產蛇數斗。古田臨水鄉有白蛇洞吐氣為疫癘，一日鄉人見朱衣人仗劍斬蛇，語之曰：「我江南下渡陳昌女也。」言訖不見。乃立廟於洞側。自後靈跡甚著。

臨水夫人陳靖姑(大奶夫人)　(明)

陳靖姑墮胎求雨而死，年僅二十四歲，死時發誓，要做助產神，專門救助難產婦女。此事雖屬荒誕，但這種犧牲自己而要救助世人的精神，確實感人。

建寧陳清叟的兒媳懷孕十七個月不娩，陳靖姑幻形去治療，產蛇數斗的說法更是荒唐。《建寧縣志》的說法倒有些合理：宋時浦城的徐清叟兒媳難產，夢見陳夫人前來相救，保住了母子性命，問其姓名里居，只是說「古田人，姓陳」。後來徐清叟到福州做官，派人到古田訪查，見了廟中神像，方悟是夫人幻身相救。於是奏請朝廷，加贈了封號。

徐清叟在歷史上實有其人，是南宋寧宗嘉定進士，他為官清正，官至參知政事（副宰相）、資政殿大學士。

相傳後唐皇后難產，危在旦夕，陳夫人聽到此事，便用法術化身來到後宮，幫助皇后生下了太子。宮娥上奏，龍心大悅，敕封陳靖姑為「都天鎮國顯應崇福順意大奶夫人」，建廟於古田，於是大奶夫人陳靖姑聲名大噪，「法大行於世，專保童男童女，催生護幼，妖不為災」，民間紛紛建廟祭祀（《三教源流搜神大全》卷四）。

至於陳靖姑又稱「陳進姑」，則由於民間對其不斷神化而附會的仙話。說什麼觀音菩薩赴會返回南海，忽見福州惡氣衝天——蛇妖興災，為害百姓，遂「剪一指甲化做金光一道，直透陳長者葛氏投胎。時生於大曆元年甲寅歲，正月十五日寅時誕聖，瑞氣祥光罩體，異香繞閤，金鼓聲若有群仙護送而進者，因諱『進姑』。」（《三教搜神大全》卷四）陳靖姑被說成是由觀世音的指甲所化，本來就是仙體，代表觀音菩薩降於世間除害救人，特別是救助那些難產婦女。

對百姓有特殊靈獻者，被群眾和信徒禪化後，還常常要與高級神明發生關係，最好是能沾親帶故。這是民間造神最愛使用的方法之一，不勝枚舉。《北遊記》中的玄武被說成是玉皇大帝的化身，《說岳全傳》又把岳飛說成如來佛祖頭頂的大鵬金翅鳥所化等皆是。

歷代統治者對民間神祇，一般不予干涉，而對那些比較實惠的神祇如福祿壽喜財神等，則大力提倡，至於對皇家有功德的民間神祇如海神娘娘媽祖、保生大帝吳本和順天聖母陳靖姑等，更極力推崇扶植。陳靖姑被歷代統治者封爲順天聖母、順懿夫人、大奶夫人等。

順天聖母陳靖姑因是福建人，故在南方廣有影響。舊時各地都建有一些順懿夫人廟（有的叫註生娘娘廟）、臨水夫人廟，臺灣至今尙存有不少座。但全國名氣最大的順懿夫人廟，當首推福建古田縣的臨水宮。此廟在古田縣東大橋鎮中村。創建於唐德宗貞元六年（七九〇年），元朝時重修了儀門、前殿，增建了梳妝樓、飲福亭等。清末重修，規模更爲壯觀。此廟爲助產神陳靖姑的祖廟，地位最高。

因陳夫人「靈應」顯著，故深受民間特別是婦人們的崇拜。農曆正月十五上元節是陳靖姑誕日，屆時民間要舉行盛大的祭祀活動。據清同治《麗水（屬浙江省）縣志》卷十三稱：

> 每歲上元前二日，司事擇婦人福壽者數人，為夫人沐浴更新衣。次日平明升座，各官行禮，士女焚香膜拜，絡繹不絕。至夜，舁夫人像巡行街市，張燈結采，鼓吹喧闐。小兒數百人，皆執花燈跨馬列前隊，觀者塞路。

熱鬧情景完全可與城隍出巡、天后出巡相媲美。

平日，求子的善男信女也常常到順懿廟中焚香虔禱。如果婦人懷孕，生產前必供夫人像於室中，到「洗兒日」再禮拜叩謝一番後，把神像焚化。到小兒滿月、周歲時，還要供陳夫人神像於室中，供奉祭品香燭。有些人家還要請來沿街說唱的盲人，到家說唱陳夫人功德，叫做「唱夫人」。

陳靖姑助產的事跡雖說不少，但畢竟大多是傳說。看來，這位順天聖母助產神大約是個穩婆或女巫之類的人物，爲鄉里特別是產婦們做一些好事，遂被人們附會增飾出許多助產的神異功能，成爲受祀千年、恩澤百世的產婦救星。

其實，眞正的產婦救星在歷史上有那麼一些，即歷代救死扶傷的婦科名醫，其中孫思邈是最突出的一位。

孫思邈是唐代京兆華原（今陝西耀縣）人，醫術高超，救人無數，被人們譽爲「神醫」。他對婦科和兒科尤爲重視，他後來撰寫的著名醫學著作《千金要方》（共三十卷）的前五卷就是《婦女方》和《少小嬰孺方》。孫思邈對我國古代婦女科和兒科做出了重大貢獻。有一天，孫思邈出外行醫，路上見幾個人抬著一口棺材向野外走去，後面跟著一個痛哭流涕的老婦人。憑著醫生敏感，他看見從棺材中流出幾滴鮮血，忙跑過去問道：「棺材裏是什麼人？死了多久了？」抬棺材的說，死者是老婦人的女兒，因難產剛死不久。孫思邈便說：「我是醫生，請打開棺材看看行嗎？也許我能救活她。」

老婦人聽說孫思邈是醫生，便懇求他救救女兒。棺材蓋打開了，只見裏面的婦人二十來歲，臉色蠟黃，十分可怕，眞像是死去了。孫思邈摸摸她的脈，果然還在十分微弱地跳動。他便在「死者」身上選好了穴位，果斷地扎了三針。不久功夫，這個婦女甦醒過來，一會兒棺材裏居然出現了「哇——哇——」的嬰兒哭叫聲，小孩生了出來。人們都驚呆了，一根銀針救活了兩條性命，起死回生，不愧是神醫！

孫思邈雖未當上婦女難產之神，但一直被人們當作醫聖、藥王來供奉。

## 二四　廁神（紫姑、坑三娘娘、三霄娘娘）

我國的民俗宗教（包括原始宗教和現代宗教中的民間信仰部分），突出的特點之一就是「多神教」，人們崇拜的神明多、範圍廣，眞可謂無處不在，無時不有。大至天界、人間、陰間、山岳、湖海，小至門、床、井、竈乃至茅廁，都有神靈所主。茅廁雖爲污穢之所，但廁神的影響在舊時還是很大的。廁神主要有紫姑、坑三娘娘和三霄娘娘。

## (一)紫姑何以成廁神

紫姑神，相傳是唐時人，姓何名媚，字麗卿，山東萊陽人氏。自幼知書達禮，長大後嫁給一個唱戲的。武則天時，壽陽刺史李景害死了她的丈夫，把她納為侍妾。何媚年輕漂亮，李景的大老婆又妒又恨，她為人刻毒，哪裏肯容何媚？在正月十五元宵節夜裏，大老婆將何媚「陰殺於廁中」（《顯異錄》）。何媚冤魂不散，「（李）景如廁，忽聞啼哭聲。常隱隱出現，且有刀兵呵喝狀，大著靈異」。此事讓武則天聽到了，「敕為廁神」。也有的說是讓天庭知道了，「天帝憫之，命為廁神」。

後來人們「作其形」——大約是紙偶或木偶一類，在元宵節之夜於廁中祭之，並唸唸有詞：「子胥不在，曹夫亦去，小姑可出。」曹夫，大婦也，是那個母老虎。「子胥」是指其夫李景，也不是好東西。小姑則指紫姑——何媚。如果偶像動彈，那就是神來了。「以占眾事」，能知禍福。

有一種說法，紫姑就是戚姑，「紫」與「戚」音近。《月令廣義·正月令》說：「唐俗元宵請戚姑之神。蓋漢之戚夫人死於廁，故凡請者詣廁請之。」戚夫人，是漢高祖劉邦的妃子，跟劉邦的正牌老婆呂后因為立太子之爭，結下了仇。劉邦一死，呂后就惡毒地報復戚夫人，先罰她當奴隸，整天幹苦力。呂后還覺得不消氣，要把她變成「豬」，就把戚夫人的兩手、兩腳砍得跟豬腿一樣長，剃光了頭髮，挖掉了雙眼，薰聾了兩耳，還逼她喝了啞藥，再扔到廁所裏。呂后還給她起了個名，叫「人彘」——人豬！然後讓兒子漢惠帝和大臣們去參觀「人彘」。後人對戚夫人的慘死是同情的。

有的地方稱廁神爲「七姑」，是「戚姑」音近之訛。還有的地方稱作「三姑」，爲何行三，不得而知。但一般多稱紫姑，清・俞正燮《癸巳存稿》卷十三稱，雖各地稱呼有異，如「蘇州有田三姑娘，嘉興有灰七姑娘」，但「皆紫姑類」。古代的廁神雖有不同叫法，但歷來都是女性，女性每天要上廁所，放個男神不大方便。古代婦女在家庭中地位低，生育也被認爲是污穢不淨之事，常被迫在廁內生產。所以廁神主要是婦女祭拜。

紫姑　（明）

## (二)坑三姑娘與三霄娘娘

紫姑除又作戚姑、七姑外，還作子姑，這又是音近訛稱，因是廁神，又稱廁姑、茅姑（北方廁所俗稱「茅房」，南方俗稱「茅廁」）。前文提到，亦有稱「

三姑」的。「三姑」，後有人附會為三個姑娘，紫姑又有了「坑三姑娘」的稱呼。「坑」是茅坑，即糞坑，屬於北式，南式為馬桶。《清嘉錄》說：「正月望夕迎紫姑，俗稱坑三姑娘，問終歲之休咎。」

在《封神演義》裏，坑三姑娘又成了三座仙島上的三位仙姑，即雲霄、瓊霄、碧霄三姐妹。她們還有個親哥哥，就是大名鼎鼎的財神爺趙公明。趙公明助商拒周，被周將射死。雲霄三姐妹齊來為兄報仇，開始她們以混元金斗及金蛟剪屢戰屢勝。後元始天尊和老子臨陣，把她們的法寶收去，姐兒三個統統戰死，三道靈魂直往封神臺去了。第九十九回〈姜子牙歸國封神〉，三霄娘娘被封為「感應隨世仙姑」，執掌「混元金斗」，專擅先後之天，凡一應仙、凡、人、聖、諸侯、天子、貴、賤、賢、愚，落地先從金斗轉劫，不得越此！書中並加以說明：「以上三姑，正是坑三姑娘之神。『混元金斗』，即人間之淨桶。凡人之生育，俱從此化生也。」嬰兒降世，先要落在淨桶內，雖天子、聖賢出生亦不免，廁神當然是威風榮耀的！有趣的是，三霄當初與姜子牙等鬥法時擺出的「九曲黃河陣」，張政烺先生推測，當是華北一帶農家的大糞坑！

紫姑之類雖名為廁神，但受人崇奉並非主要主廁事，而是為問休咎禍福，占卜諸事。紫姑信仰，與後世十分風行的「扶乩」迷信有直接關係，是此迷信活動之濫觴。

## ㈢紫姑信仰與扶乩

古代請廁神紫姑的辦法是：取糞箕一只，「飾以釵環，簪以花朵」，另用銀釵一支插在箕口上，供在糞坑旁。再另設一供案，點燭焚香，小兒輩對之行禮。香案上攤碎白米，扶者將箕口對著案上碎米，銀釵即在米上亂畫，「略似筆硯剪刀花朵等形」。祈禱者問其年歲若干，「則箕口點若干點以示之」。扶箕者係爲女性，她們宣稱「亂畫時糞箕微覺加重，且轉動亦不能自由。」此即所謂「扶箕」。

雲霄娘娘　（清）

問卜者所問從農桑耕織、商賈貿易、建房造屋，到婚喪嫁娶、生兒育女乃至生老病死；從科舉仕途、功名利祿，到國事、征戰，無所不有。所請之神除紫姑外，還有「玉虛眞人、太乙眞人，南華眞人之類」。

宋人記有一些紫姑「顯靈附體」之事。沈括說，年輕時常見人召之，親戚間甚至有「召之而不肯去」的。太常博士王綸家因迎紫姑，「有神降其閨女，自稱上帝後宮諸女」。王小姐「能文章，頗清麗」，後來還出了一本《女仙集》行於世。更神的是，她家裏人「亦時見其形」，從腰以上能看見，是個漂亮小姐，但從腰以下「常爲雲氣所擁」。（《夢溪筆談》卷二十一）蘇東坡在《東坡集》卷十三〈子姑神記〉、〈天篆記〉中，也記有類似事。沈括、蘇東坡皆爲當時著名學者，對紫姑「靈應」也深信不疑，紫姑信仰之深於此可見。

明清筆記中，記載了不少求乩「靈驗」之事。如袁枚《子不語》卷二十一記康熙戊辰（一六八八年）會試，舉子們求乩仙出示考題。乩仙書「不知」二字。舉子們再拜，求告曰：「豈有神仙而不知之理？」乩仙仍大書曰：「不知，不知，又不知。」眾人大笑，「以仙爲無知也」。誰料，這次會試「科題乃『不知命，無以爲君子也，三節』」。

明清考科舉是唯一仕途，考生中科掛榜願望極其强烈，常於考前求乩問前程。上所記，似乎很是「靈驗」，其實此類事或道聽塗說，或偶然巧合，或多事者編造，不必當眞。

後世官僚中有對「扶乩」深迷成癖者。清代咸豐年間，浙江有個縣令「極信扶鸞，每事必咨而後行」。他當滋溪縣令時，乩仙忽告大禍將至，應該趕快辭官不幹。他馬上裝病辭掉官職離開了。不久「濱海鄉民入城滋事，後任官竟罷斥」，這位前任縣令「益神之」。他又問何處居住最佳，乩言：天下多事，惟金華府的武義縣最吉。他就全家搬到武義，「置田營宅，極園亭之勝」，整天飲酒唱歌，老百姓見了「疑爲神仙中人」。沒多久，農民軍到達不遠的處州，他扶乩相問，答案是：「無礙。」農民軍又打到了更近的永康城，再求乩，答案更爲明確：「

必無礙。」還加上一句：「遷避則不免。」就是說，遷出此地避難準得倒楣！於是，這位前縣令沒事人兒似的照舊「飲酒唱歌」，等到農民軍打進他的別墅花園，成了刀下之鬼，他大概才眞正領教了扶鸞的「靈驗」！

三霄娘娘大擺黃河陣　（清）

扶乩請仙卜問這一套，很適合民間宗教和會道門的口味，也常爲農民起義和民間組織所利用。如近代著名的義和拳，宣傳神力，大搞畫符呑朱、扶乩請仙、神明附體等迷信活動。如果說義和團運動宣揚這種愚昧落後的神靈附體、「刀槍不入」的巫術活動，在客觀上，在對敵抗爭中起過組織民眾、鼓舞士氣的一定作用的話，那麼，有些會道門的扶乩活動，則完全是迷惑人的騙術了。

舊時，常賣紫姑神碼的，祭祀時燒化。有的廟中也有她的牌位或塑像，多與其他神像合祀。坑三姑娘也有神碼，紅紙上印有並列三女，是民間木板刷印。三霄的塑像爲娘娘模樣，三位合祀，一些廟觀的「百子堂」中常供她們的像。今天武當山的金頂、南岩、紫霄宮中還有她們的神像。

清代陳棟寫有《紫姑神》雜劇，戲以紫姑爲魏子胥之妾，後爲大老婆曹氏所嫉藥斃。紫姑死後被封爲神，奉命巡查人間，專門除掉一切妒婦。

## 二五 門神

門神是我國民間最受信仰的神祇之一。門神的歷史之久、流傳之廣、種類之多，在民間諸神中是很突出的。門神從其誕生之日起，即傲立於千家萬戶的大門之上，抖盡了威風，歷二千餘年，至今不衰。門神爲何有如此巨大的生命力？門神的淵源又是如何？說起門神的來歷，我們不能不追溯到上古時期祀門和掛桃人的習俗。

### (一)從古代祀門談起

在原始社會，人們最初是沒有房屋可住的，爲逃避敵害和遮雨避風，據說，當時有些部族

「構木爲巢」，也就是在樹上搭個「窩」，棲於樹上，稱「有巢氏」。有些部族則「穴居而野處」，住在天然洞穴裏。後者已爲考古學家所證實，北京周口店的北京猿人和山頂洞人就是明證。

隨著社會的進步和生產力的提高，人們逐漸學會了建造房屋。以後，私有制產生，人們由群居生活發展到各立門戶。從此，房屋與人類結下了不解之緣，至今，還有無數人在爲獲得一處好住所而終生「奮鬥」。屋舍不但可以遮風避雨，防止野獸和敵人的光顧，還能存放食物財產，使人們得以安居樂業。人們十分感激房屋和門窗的創造者——神，即門戶造物主。早在周朝，就有了祭門的風俗，這用意其實與祭竈相似。

漢畫像石神荼、鬱壘　（漢）

據《禮記・祭法》載，大夫立三祀，適士（上士）二祀，庶人（老百姓）只一祀，其中都包括祀門。古代祀典中有五祀之說，所謂「五祀」，即祭祀門、戶、井、竈、中霤（土地）等五神。周時，「五祀」是周天子及各諸侯的祭祀大典，十分隆重。「祀門」是在九月舉行。秋季九月，正是收穫的黃金時節，百官不論貴賤，皆參加這一活動，「以會天地之藏」。忙了一年，準備收藏過冬了，五穀六畜安頓好以後，當然要「請」個門神來守護，不然，一年的血汗豈不白費？平頭百姓們祀門，當然比不上君王諸侯排場，但也十分虔誠恭敬。

五祀所祀，都是圍繞著人們生活起居的神祇。探其根源，是與原始自然崇拜有關。原始崇拜認爲，凡與人們日常生活有關的事物，皆有神在。五祀所祀之門神、戶神、竈神、井神、土地神，都與衣食住行密切相關，故祀之以報德。這是門神觀念的最早來源。五祀所祀神祇，如門神、竈神、土地等，源遠流長，經久不衰，成爲我國民間最富代表性，最有廣泛群眾基礎的流行神。

門神的產生還與古人鬼魂崇拜有關。遠古，人們對大自然無法認識，鬼魂觀念十分盛行。殷人、周人皆尙鬼，看到風、雨、雷、閃等自然現象，以爲是鬼神所爲；有時蟲蛇猛獸突然闖入，也認爲是鬼神所遣。古人將一切壞事和怪事當成鬼魂作祟，對此充滿畏懼心理。有了房屋，給生活提供了極大方便。門的出現和使用，一爲自身出入方便，二爲防範敵害闖入。但古人還覺得不大牢靠，缺乏安全感，那些神通廣大、「無孔不入」的鬼怪來了怎麼辦？要是有個什麼能降鬼伏妖的神明，來替自家「站崗守衛」，該有多好！這就是古人心理上的依賴性。

靠天吃飯的時代，無權的地位，種種天災人禍，時時在百姓們頭上盤旋。這些弱者要求有位保護神，靠他驅鬼鎮邪，保護自己性命和家私。基於此，人們必須造出一個神來，於是「門神」便應運而生了。《白毛女》中喜兒所唱：「門神門神騎紅馬，貼在門上守住家；門神門神扛大刀，大鬼小鬼進不來。」正是這種心理的眞實寫照。

周時，門神無名又無姓，雖然《禮記》中已有禮門神的記載，但此時門神並無具體物象可指。以後才逐漸形象化，出現了掛「桃人」——兩位捉鬼門神——的習俗。

張顒墓門神　（北宋）

## ㈡掛「桃人」與捉鬼門神

古人對桃的崇拜由來已久。在原始部族社會初期，人類靠採集野生植物作爲主要食物。桃是我國較早的野生果樹，它那鮮豔甜美的果實，極得古人喜愛。大片的桃林，不僅成爲一些部族的天然糧倉，而且它那眾多的果實，也引起了人們的美好聯想與尊崇。《詩經·桃夭》曰：「桃之夭夭，灼灼其華」，「桃之夭夭，有蕡其實」，「桃之夭夭，其葉蓁蓁」，對桃極其讚美。桃在人的心目中逐漸成爲靈物，成爲多子多福的象徵。壽桃一類的供品，也一直流傳至今。同時，古人還將桃崇拜爲可除災避邪、制鬼驅怪的靈物，稱其爲「神樹」、「仙木」。《典術》云：「桃者，五木之精也，故壓伏邪氣者也。桃之精生在鬼門，制百鬼，故今作桃人梗著門以壓邪，此仙木也。」這裏所說的掛在門上的「桃人」，其實是兩位神將的化身，一曰神荼（音申舒），一曰鬱壘（音玉律）。有關二神來歷，很多古籍都談到過。

傳說遠古黃帝時候，黃帝不但管理著人間，也統治著鬼國。對那些遊盪在人間的群鬼，黃帝派了兩員神將統領著，即神荼、鬱壘二兄弟也。

這哥兒倆住在東海的桃都山上，山上有一株巨大桃樹，樹幹枝丫盤屈伸展達三千里。樹頂上站著一隻金雞（又稱天雞），每當太陽初升，第一縷陽光照在它身上時，金雞即啼叫起來。接著，天下所有的公雞一起跟著叫了起來。這時，在木桃樹東北樹枝間的一座「鬼門」兩旁，神荼、鬱壘一左一右威風凜凜地把守著。他倆監視著那些剛從人間遊盪回來的、各式各樣的大鬼小鬼。民間傳說，鬼只能在晚上活動，天亮之前，不等雞叫就得跑回鬼國。二位神將要是在鬼群裏發現在人間禍害人的惡鬼，沒說的，馬上用葦索捆綁起來，扔到山後去餵老虎。因此，鬼最怕的有四樣：神荼、鬱壘、金雞和老虎。

於是人們用桃木雕成神、鬱二神模樣，春節時掛於門上，請二位把守家門，使惡鬼懼而遠之，保護全家一年平安。但雕桃人比較麻煩，以後人們簡化爲用桃板一左一右釘在門上，上面畫二神圖像，還有的乾脆寫上他倆的大名或畫些符咒之類。此即桃符，爲後世對聯（楹聯）之濫觴。

由於神荼、鬱壘的不凡本領和身分，確定了其門神的地位。由於必須具備鎮伏眾鬼的威懾力，這就決定了二位的尊容無比凶惡猙獰——其實也是一副鬼的模樣。最初的神荼、鬱壘圖像已不見，今所見滿畫磚及明《三教源流搜神大全》中二神圖像，皆十分凶惡可怕。這其實是人們想像出來的，足以鎮住鬼怪的「神姿」。

當時門神除畫神荼、鬱壘外，還有畫金雞與老虎的。雞是司晨之靈，慣於夜間活動的眾鬼畏之。故「帖畫雞戶上」而使「百鬼畏之」。這與當時殺雞掛於門上驅鬼的習俗相一致：「斲（砍）雞於戶」，「揷桃其旁」，「而鬼畏之」。不僅民間，皇宮中也有宮門掛桃人和「磔雞於宮及百寺門，以禳惡氣」的習俗。（《荆楚歲時記》、《宋書》）

神荼、鬱壘　（明）

至於老虎，因其爲百獸之王，「能執搏挫銳，噬食鬼魅」，所以「畫虎於門，鬼不敢入」。遠在戰國時代，就有門上畫虎的記載。周王宮中有座「路寢」宮，是周王的辦公室。路寢門上即畫有猛虎，故此門又稱虎門。古人認爲「（路寢）門外畫虎焉，以明猛於守，宜也。」聯想到舊時大門前，那一對把門的石獅子，其實也有門神的味道。

繼捉鬼餵虎的神荼、鬱壘之後，又出現了一位專門斬鬼吃鬼的門神，此即赫赫有名的鍾馗。自唐玄宗時形貌猙獰古怪，能劈吃小鬼的鍾馗問世以後，迅速在民間廣泛流傳。不久人們即「畫其像於門也」。隨著明人創作的鬼怪小說《鍾馗斬鬼傳》（十回）和《平鬼傳》（十六回）的問世，鍾馗更是家喻戶曉，名揚四海。於是後來居上，取代了神荼鬱壘的門神地位。在神、鬱及鍾馗成爲門神的同時，又出現了一些以歷史上的武將爲崇拜對象的門神。武將門神雖也是神，但與神、鬱二位相較，「神」味兒少了點，有了些「人」味兒。

## ㈢龐雜的武將門神

在漢代即已出現以著名勇士爲門神的圖像。據《漢書·景十三王傳》：「廣川惠王越，殿門有成慶畫，短衣大褲長劍。」顏師古注云：「成慶，古之勇士也。」也有人說成慶即戰國著名勇士荊軻。後世諸種武將門神即由此演變而來。

唐代以後，出現了兩位著名的武將門神，這就是大名鼎鼎的秦瓊（秦叔寶）和尉遲恭（尉遲敬德）。秦、尉遲爲唐代著名武將，二人幫助李世民打下了李唐天下，是唐朝開國功勳。他二人何以成爲門神呢？

據《三教源流搜神大全》和《歷代神仙通鑒》講，唐太宗李世民早年創立江山，殺人無數。他即位後身體不豫，夜夢惡鬼，「寢門外拋磚弄瓦，鬼魅呼叫，三十六宮，七十二院，夜無寧靜」。太宗懼之，以告群臣。大將秦瓊與尉遲恭請求夜晚戎裝守衛宮門兩旁，當夜果然無事。太宗大喜，但念其勞，命畫工圖二人介胄執革、怒目發威之像，懸於宮門兩旁。此後，邪祟全消。「後世沿襲，遂永爲門神。」

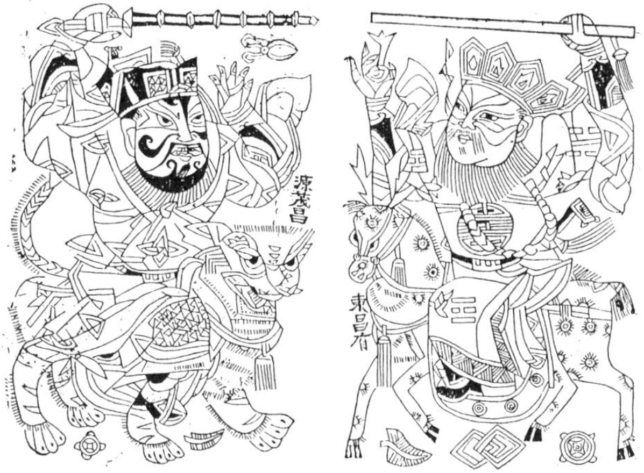

趙公明與燃燈道人門神　（清）

此事在《西遊記》第十回〈二將軍宮門鎮鬼　唐太宗地府還魂〉中，亦有詳述。《西遊記》中不少內容，源於宋元、明初的話本及民間傳說。即如第十回事，明初《永樂大典》中即收有類似描寫。可知秦、尉遲二門神至遲在元代就已流行。

秦叔寶、尉遲恭二門神，是民間流傳最

廣、影響最大的武將門神，至今興盛不衰。二門神像的樣式也最多，有坐式，有立式，有披袍，有貫甲，有徒步，有騎馬，有舞鞭鐧，有執金瓜，還有對秦瓊、對尉遲（即一對門神都是秦瓊或尉遲敬德一人，分畫兩幅成爲一對）等多種。在二門神的兩旁，有時還貼上這樣一副對聯：

昔為唐朝將；
今作鎮宅神。

武將門神通常是貼在臨街大門上，爲防惡魔或災害侵入，二神手中執刀錘鞭鐧等兵器，橫眉怒目，形象威猛雄偉。

明清至後世的武將門神，各地也不盡相同。河南一帶所畫門神，多爲趙雲、馬超。河北門神是馬超、馬岱和薛仁貴、蓋蘇文。陝西門神則是孫臏、龐涓及黃三太、楊香武。陝西漢中一帶武將門神，還有孟良、焦贊。可能是二人的出身不太硬氣，曾經做過强盜，故不能登大雅之堂。這二位只好「屈尊」站在牛棚、馬圈或豬羊圈的門上，站崗守衛——大概主要是對付那些小偷小摸的。北京還有一種專鎭後門的門神，貼在後門單扇門上，其中有鍾馗和魏徵。魏徵成爲後門門神，出自《西遊記》。魏徵斬了犯罪的涇河老龍王之後，老龍的鬼魂進宮與李世民索命，前門因有秦瓊、尉遲恭二門神把守，他便到後宰門鬧事，攪得李世民徹夜不寧。於是魏徵夜晚手提誅龍寶劍，鎮守後宰門，鬼魅全消。魏徵本為文臣，但其門神像仗劍怒目，一派英武氣概。

此外，武將門神還有燃燈道人、趙公明，馬武、姚期，楊延昭、穆桂英，蕭何、韓信以及岳飛等數十種。這些人物皆取材於古典演義小說，一些英雄好漢婦孺皆知，備受民間崇拜，被百姓請來做門神。小說對民眾的心理影響是頗為深廣的，並替人們造出了眾多的神。

至於寺院山門或天王殿外廊廡的哼哈二將神像，也可以看作是寺廟門神，他們是守護寺廟大門的。

隨著社會的發展，只有驅鬼鎮妖一種功用的武將門神，已不能滿足人們的多種需要。於是，逐漸出現了文官門神和祈福門神。

## ㈣文官門神和祈福門神

與驅邪魔、衛家宅、保平安的捉鬼門神和武將門神不同，文官門神及祈福門神是寄託人們祈望升官發財、福壽延年的願望的。

文官門神以天官居多。這類門神頭帶紗帽，穿一品繡鶴朝服，或抱象牙笏板，或持吉祥器物，白面五綹美髯，一派雍容華貴模樣。天官為三官（天官、地官、水官）之首，號「賜福紫微帝君」，故又稱「賜福天官」。民間以天官爲福神，有時與祿、壽二仙並列，即所謂福祿壽三仙也。天官門神大多貼於院內堂屋門上，以別於大門上驅鬼鎮妖的武士門神，而含有迎福進財之意。

文官門神中，還有一對白鬚文官者，據說爲宋代梁顥。《遁齋閑覽》說，梁顥八十二歲才中狀元，故把梁顥畫成了白鬚皓首的「狀元爺爺」模樣。其實，這是個誤會。歷史上的梁顥爲北宋太宗時進士。登第時，年方二十三，是個小伙子。遼軍攻河北時，他上疏請明賞罰，斬懦將，擢用武勇謀略之士。以後梁顥知開封府，暴病而亡，時年四十二。民間不察，多用《遁齋閑覽》說法。舊時極流行的啓蒙讀物《三字經》中，即有「若梁顥，八十二」之句，可見其影響之大。梁顥成了「大器晚成」的典型，以他作門神畫，顯然有勉勵老年人進取之意。文門神畫還有取材「五子登科」的。上面畫有五個舉燈、執戟、手拿桂枝的童子，寓意「五子登科」。這一典故來自五代竇燕山（竇禹鈞）教育五子，連登科第的故事。

文門神大都與升官發財有關，祈福門神則與多子多福、福壽延年有關。有時二者也配雙成對。如天官（或狀元）門神，常與送子娘娘配成對。此外還有喜神、和合二仙（象徵夫妻相愛和睦）。又有劉海、招財童子，皆係小財神，尤爲商賈所供奉。這類祈福門神多含寓意。如一天官左手舉盤，盤上置一壽山石，石上升起毛筆一枝，暗含「壽比（筆）南山」意；另一天官，手托紅色蝙蝠海水之類，隱寓「福（蝠）如東海」。有意思的是，鬼仙鍾馗有時作爲福門神出現。他身著紅色官衣，頭戴紗帽，手執一笏，上有一桃一筆，取其「必（筆）然長壽（桃）

」之意。

福門神上常常添畫一些吉祥物，取其吉利，多用諧音雙關方法。正如《月令廣義・十二月令》所說：門神至「後世畫將軍朝官諸式，復加爵、鹿、蝠、喜、馬、寶、瓶、鞍等狀，皆取美名，以迎祥祉。」爵、鹿、蝠、喜、馬、寶、瓶、鞍八物的含義爲：爵樽，借指爵秩、官位；鹿，借指榮祿；蝙蝠，借指景福；喜鵲，借指喜慶；馬，借指驛馬；元寶，諧音「馳報」；瓶、鞍，諧音「平安」。繪此八物，即取「爵祿福喜，馬報平安」八字之義。

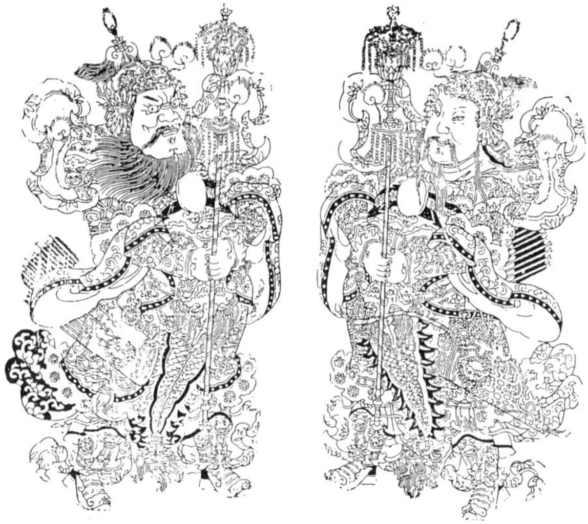

神茶、鬱壘　（清）

如此，門神已成爲具有驅邪魔、衛家宅、保平安、助功利、降吉祥等多種功能的保護神，成爲民間諸神中最受群眾歡迎者之一。

門神還被搬上了戲劇舞臺。明代茅維寫了一齣《鬧門神》，十分有趣。劇演除夕之夜，按慣例換桃符。這時新門神到任，但舊門神不讓位，二門神互相爭嚷吵鬧。雖經鍾馗、紫姑、竈君、和合諸神多方勸告仍不聽，最後由九天監察使者下界查辦，將舊門神及其僕人順風耳謫遣沙門島。這是一齣短小的諷刺喜劇，意爲諷刺當時的一些地方官，在新舊交任時，互相指責，喧嚷爭吵的醜態。在南戲《兩重天》傳奇和雜劇《一文錢》中，亦有類似情節。

大陸曾頒布過「迷信宣傳品」的禁令，門神、竈王也連類而及，但實際有些地方令不行禁不止，群眾（主要是農民）照貼不誤。「文革」十年，門神暫時匿跡。如今，隨著農村經濟改革的深入，農民的物質生活有了很大改善，確實今非昔比了。但耐人尋味的是，古老的門神隨著現代化的電視機、錄音機和電冰箱之類，又「捲土重來」，蜂擁而至。春節之際，紛紛神氣活現地站在千家萬戶的大門之上！雖然，今天貼門神已不全是舊時的迷信色彩，但到底是人們生活中安全感和安定感的一種心理需要。門神在這沉積了幾千年的文化傳統中，在歡度佳節的喜慶氣氛中，不失爲一種審美的藝術佳品。按傳統方式裝飾大門，是一種心理上的滿足，一種社會的祝福方式，使人感到喜氣洋洋，福運滿門！

## 二六　灶王

在北京崇文門外花市西大街路北，有一座著名的都灶君廟。這座廟宇有三層大殿，每殿三間，中殿有前後門，可穿堂而過。正殿供有灶王爺及其太太灶王奶奶。灶王頭戴禮冠，身著朝服，黑髯。身旁站著灶王奶奶。後殿則供有灶王的六個女兒。此廟形制不小，規格很高，是全國最大的灶王廟。

在上古時代，受人崇拜之物或自然現象，往往被人格化，成爲神靈。灶神即爲其一。灶神，民間又稱灶君、灶王、灶王爺、灶君菩薩等。灶的出現離不開火，先民們在住地燒起一堆堆長明火，用來取暖照明、烤食、製器、防禦野獸，這就是最原始的灶。在當時的母系社會裏，灶是由氏族裏威望最高的婦女管理著。今天，我國人民除夕圍爐守歲的習俗，就是殘存的原始遺風。

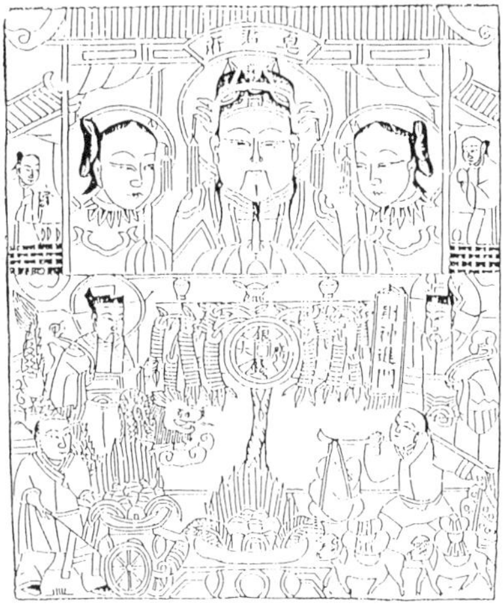

灶王　（清）

我國最初的灶神是位女性，《莊子》說她「著赤衣，狀如美女。」後來的道書則把灶神說成是崑崙山上的一位老母，叫做「種火老母元君」，她手下有五方五帝灶君、曾灶祖灶、灶子孫、運火將軍、進火神母等三十六神。她專門管理人間住所，記下每家人的善惡，夜半上奏天庭。人們大概嫌紅衣女郎不大穩重，便用這位灶神奶奶取而代之。後來她還常與灶王公公並肩而坐，共享人間糖瓜。

漢代以後，出現了男灶神。當時，灶神頗受人們敬重，祭品的規格與社稷神同等，充當灶王爺的人也不可小覷，都是一些有頭有臉的人物。《淮南子》說：「黃帝作灶，死爲灶神。」又說：「炎帝於火，死而爲灶。」《五經異議》則認爲：「火正祝融爲灶神。」人們讓極受敬仰的黃帝、炎帝或火神祝融來充當灶神，並認爲灶王的神職是掌管人們的飲食。民以食爲天，人們祭灶主要是爲了感激和頌揚灶神的功德。

以後，有關灶神的傳說越來越多，出現了不同姓名的一些灶王爺，其中流傳較廣的是張單。張單，字子郭，他的太太給他生過六個女兒。張單已完全變成一個專門搜集一家一戶「違法犯紀」的隱私，然後向玉皇大帝打小報告的傢伙，充當了一個駐家特務神的可鄙角色。看來，專愛揭發別人的隱私，出賣朋友，以向主子邀寵，似乎是我們不少同胞的「傳統」之一，自古皆然。人們對這種卑鄙小人及其惡劣行徑，雖恨得要死，但也怕得要命。從心裏講是深惡痛絕，但在行動上卻一點兒也不敢得罪，甚至還得討好他。人們對鬼神敬畏和獻媚，往往是這種可悲心態的反映和折射。

《敬灶全書》說，灶王「受一家香火，保一家康泰。察一家善惡，奏一家功過」，被舉告者，大錯則減壽三百天，小錯也要折壽一百日。有多厲害！

人們既然惹他不起，又躲不掉，只好在上供時想點辦法。於是每年臘月二十三祭灶時，要供上許多糖瓜，用糖瓜糊住了灶王的嘴，他就不能說人家的壞話了，如要說也只能是些甜言蜜語。人們還在他的像旁貼上這樣一副對聯：

上天言好事；
下界降吉祥。

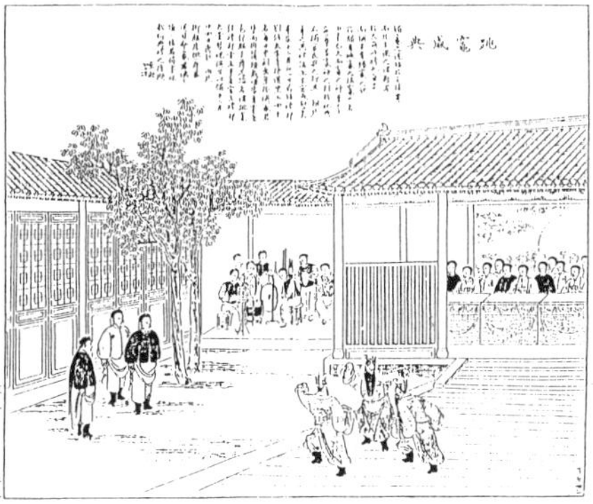

跳灶王　（清）

灶王成爲家神以後，主要享受各家各戶的香火，但社會上仍建有一些灶王廟，原因何在呢？一是離家出外謀生的人，或無家可歸的流浪漢，都强烈地希望自己平安無事，都想通過祭拜灶神以保安康。二是廚行茶行皆奉灶王爺爲祖師及行業保護神。灶王廟爲廚師茶行祭祖和舉辦行業活動，提供了場所，這是更重要的原因。

《敬灶全書》稱：「灶君八月初三聖誕。」因此過去不管是小飯館還是大飯莊的廚師們，屆時都要到灶王廟祭祖祀神，稱爲「灶君會」。每年農曆八月初一至初三，循例有三天廟會。又臘月二十三爲灶王上天廷朝拜之辰，亦開放一天，廚師們均前往進香。舊時廚師地位很低，被稱爲下九流。廚師們平日聯繫很少，只是到了祭祖日，大伙兒才得以在灶君廟中暢敘友情，交流經驗，還可幫助失業的廚師牽線找活。當然，飯館老板們也很希望通過祭拜灶王使自己的生意更加興旺發達。此外，凡是廚行學徒拜師或出師（謝師），也在廟中燒香叩拜灶神，擺酒席宴請同行，舉行拜師、謝師儀式。

開廟期間，廟市設於廟外，攤販雲集，人頭攢動，主要買賣鍋碗瓢盆、炒勺、菜刀等炊事用具，也有百貨、絹花、絨花等。因時近中秋，賣兔兒爺的攤子更是一份挨一份。兔兒爺用泥塑成，大的一尺多高，小的只有手指大小。個個粉面尖角，紅袍玉帶，瀝粉描金，栩栩如生，人們爭相購買。臘月廿三開廟期間，攤販主要賣關東糖、南糖等祭灶用品及年貨。北京都灶王廟後殿跨院內，廟會期間還要演幾場河北梆子等地方小戲，用以酬神。

北京都灶君廟建於明代，清康熙時重修。民國時改爲穆德小學，今爲回民小學。門前的一對康熙年間所鑄精美的鐵獅子，在〈徹底砸爛〉的文革時代，大難不死，輾轉流落於中國進出口工藝美術公司倉庫，隱藏十年後，終於重見天日。今天仍雄踞原處，神采奕奕。

## 二七　井神

中國的民間信仰，並不受正統教派的局限，萬物有靈的觀念十分流行，大部分信仰都帶有濃厚的原始宗教色彩，人們各取所需，隨意為之。於是天界幽冥，江河湖海，土石山岳，乃至門戶井灶，無不有神。其中有些與人們生活息息相關，屬於家神之類，水井神即其一。

吃水、用水是人們生活的首要問題，除了河水外，大部分城鄉人民在很長的歷史時期內，吃水要靠井水。以北京城為例，清代北京胡同中，一大半有水井，有些胡同中還有兩三口井。水井造福人類，古人自然要感激、祭祀井神了。

祀井傳統極其久遠，為遠古時的「五祀」之一，所謂「五祀」，指古代祭祀的五種神祇，包括門、戶、井、灶、中霤（土神）。《白虎通·五祀》云：「五祀者，何謂也？謂門、戶、井、灶、中霤也。」

祭井神的習俗各地相似，一般是每逢農曆除夕時封井，春節後第一次挑水時要燒紙祭井。每逢節日要在井邊供井神，須備蜜食祭祀，以求井水清甜無毒，水源充足。有的地區打新井時，要樹一面紅白布條做的旗，以保井水充裕。娶妻生子，添人進口，也要到井台上焚化冥楮（壽金紙）。有些地方生小孩第三天，分送喜麵時，還要往井裏倒一碗。產婦第一次上井挑水時，也一定要敬拜井神。再有求雨時，人們往往去古老的大井裏擔水插柳枝，請井神幫個忙，助龍王降雨。

民間傳說，大年三十井神要去東海，向龍王匯報一年的供水情況。初三回來以後，要恭候玉皇大帝視察工作，所以人們初一不挑水，初二一大早再去井上挑水，叫做「搶財」。但也有地方卻在正月初一去井上挑水「搶財」，誰去的越早，誰搶的「財」就越多。

在南方一些地方，民間還流傳著「井媽照鏡」的說法。相傳正月初一這一天，是井媽梳妝打扮的日子。人們以一天爲一日，而井媽卻是以一年爲一日，初一這天就是她的清晨了。所以每逢初一，井水是禁止汲用的。因爲井裏的水面，就是井媽的鏡子，如果攪動了水面，井媽當然無鏡可照，必然生氣，在這一年裏就不會施恩賜福給這家人。

這些帶有迷信色彩的習俗，顯示了人們對井水的依賴與重視，反映了世俗酬神求福的心理。

井神一般沒有自己的廟宇、塑像也很少。但也有少量井旁造有神龕，供奉井神，有的井神還是兩尊石像，並肩而坐，一男一女，這是井神夫婦，叫做「水井公」、「水井媽」，如同土地公公、土地奶奶一樣。民間常常將人、物神化，然後又將神明世俗化，顯示了民間造神的特點。

## 二八　火神

火的發明，在人類文明史上具有劃時代的意義，先民們用火嚇退野獸，幫助生產（刀耕火種），改善生活（熟食），以及取暖驅寒，使人類受益極大。人們無比感謝火的發明者和管理者。世界各國各民族都有自己的火神及其神話。中國的火神有祝融、炎帝、回祿（又叫吳回），這三位是名氣最大的，此外還有個管理火種的小火神，叫閼伯。

在河南省商丘縣有個最有名氣的古跡叫火神臺，祭祀的就是閼伯，所以又叫閼伯臺，又名火星臺。閼伯，是傳說中的原始社會五帝中帝嚳的長子，帝嚳代高陽氏顓頊爲天子後，封兒子閼伯於商丘，專門管理火種，稱爲「火正」。閼伯死後，築臺埋葬在此。因閼伯管火有功，後人誤以其爲火神，便在臺上修建了閼臺廟，又稱火神廟，供奉閼伯神像。此臺便稱爲火神臺。閼伯在商丘，主辰星之祀，後來許多朝代都在這裏研究天文，觀察火星（即商星），故此臺又叫火星臺。

火神　（清）

火神臺形狀如墳墓，規模不小，高達十丈。臺上除火神廟外，還有大殿、拜廳、鐘鼓樓等，臺下有戲樓、大禪門等建築。廟內還有明清彩色壁畫，十分珍貴。

自古以來，當地人民十分崇拜閼伯。在那漫長的遠古時期，平原上洪水泛濫，風沙蔽日，要把寶貴的火種保留下來，頗爲不易。閼伯是有大功勞的。直到今天，每年正月初七，各鄉百姓都要來這裏進香朝拜火神閼伯，叫做「朝臺」，形成盛大的古廟會。

## 二九　床神

人們生活起居離不開床或炕，爲了歇得安穩踏實，自然要祭祭床神或炕神了。這與民間信仰井神、竈神與門神，意思是一樣的。

祭祀床神，由來已久。距今千年的宋朝已流行這種風俗，詩人楊循吉的〈除夜雜詠〉詩中，有句曰：「買糖迎竈帝，酌水祀床公。」床公即床神。這就說明，第一，祀床神與「接竈」即迎接竈王爺，是前後腳，都在農曆臘月。第二，床神級別很低，根本不用大魚大肉，茶水一杯足矣。床神還有公、婆兩位，如同竈王爺與竈王奶奶一樣。

祭床神不但民間流行，皇宮內廷也信這一套。宋人曾三異的《同話錄》說，翰林崔大雅夜晚在翰林院值班，忽然宮內皇上降旨讓他馬上寫一篇〈祭床婆子文〉。堂堂「金口玉言」直呼床神爲「床婆子」，倒也有趣。崔翰林接旨後，「惘然不知格式」，從來沒寫過這種文章。他連夜趕到周丞相家討教，周丞相告訴他，套用民間的格式來寫就成，你這樣寫：皇帝遣某人致祭於床婆子之神曰，汝司床簀，云云。崔大雅如釋重負，趕緊照貓畫虎般起草祭文去了。

床公、床母　（清）

俗傳床婆貪杯，而床公好茶，所以「以酒祀床母，而以茶祀床公」，這叫做「男茶女酒」（《清嘉錄》）。祭床神時，置茶酒糕果於寢室，祈求「終歲安寢」。時間各地不一，有的在除夕接竈神後，跟著祭床神；有的地區是在上元日後一日，即農曆正月十六日祭床神。也有些地方每月初一、十五都要羅列飯菜在床上，敬床公床母。祭床神之俗，南方勝於北方，至近代已漸漸衰微了。

人的一生有三分之一是在床上度過的，而且除睡眠以外，男女之歡，養兒育女，全離不開床，床與人們的生活是如此密切相關。

舊時不但新郎新娘入洞房要拜床神，婦女

生孩子，兒童出疹出天花時都要祭拜床公床母。產婦順利生下孩子後，要在產房裏設置床母的神位來祭拜，感謝她保佑了母子平安。過去北京是在小孩生下的第三天即所謂「洗三」的日子，以糕點來祭床神。

床神在南方又稱「公婆母」，公婆母在母親心目中，就是兒女的保護神。母親不但自己祭拜，還要抱著嬰兒跪拜，直到孩子長到十五歲之前，母子們一同祭拜。

床公床母一般沒有塑像和畫像，有時在床頭擺上一隻插著焚香的粗瓷碗，就是「公婆母」的神位了。床公床母到底何許人也？有一種說法認爲是周文王夫婦。床公床母還有自己的「官名兒」。在北京朝陽門外東岳廟裏，正院的西配殿叫廣嗣殿，裏面供奉的都是送子娘娘和子孫爺，主神叫九天監生明素眞君和九天衛房聖母元君，這男女二神據說就是床公床母，他們那長長的名字，即床公床母的「官名兒」。

「多子多福」、「兒孫滿堂」是中國幾千年來傳統的幸福觀，所以人們最重視子嗣問題。過去求子特別祈求多子者，也常禱告於床公床母周文王夫婦。爲什麼？

周文王叫姬昌，爲周族首領五十年，是西周王朝的奠定者。他活了九十七歲。《封神演義》第十回說，姬昌本有九十九個兒子，後又於燕山收養了雷震子，湊成百子之數。所以民間傳說周文王夫婦生有百子，他倆成了「多子多福」的楷模，自然受到世俗祈求多子者的頂禮膜拜了。

# 三十　藥王

說到「藥王廟」，老北京可能知道，北京城內過去就有藥王廟十餘座，其中以天壇以北的藥王廟最爲有名。但比起河北安國藥王廟，它不過是個「小字輩」。

藥王　（清）

河北省的安國，古稱祁州，是我國歷史最久、規模最大的藥材市場，早在九百年前的宋朝初年，這裏就已成爲大江南北中藥材的集散地，有「藥都」之稱。藥都最有名的古跡當然是藥王廟了。安國藥王廟年代之久、規模之大、影響之廣，爲全國之冠。

安國藥王廟在縣城南關，始建於九百年前北宋年間，明代重修。規模宏偉，前有牌樓、山門、石獅，並豎有二十七米高的鐵旗杆兩根，上端懸斗吊鈴，下部有一副鐵鑄對聯：

鐵樹雙旗光射斗；
神庥蒲陽德參天。

山門前的牌坊上精雕龍鳳圖案，匾額寫的是「封君南宋，顯靈河北」。但這座大名鼎鼎的藥王廟大殿所祀的主神，不是通常的三皇，也不是扁鵲、孫思邈或李時珍，而是東漢的一位太守邳彤。

邳彤是安國人，東漢開國功臣。他原是劉秀部將，在平定王莽建立東漢的征戰中，功勳卓著，後任曲陽太守。邳彤才兼文武，精通醫理，他倡導扶植民間醫藥行業。從此，安國就有了種藥、製藥、重醫的傳統，爲以後成爲藥都打下了基礎。邳彤死後，被葬在安國縣城南門外，並在邳彤墓附近修建了「邳王廟」。以後這裏流傳著許多邳王「顯靈」爲人治病的傳說，官府上報朝廷，宋徽宗加封邳彤爲「靈貺公」，並重建廟宇祭祀。於是安國名聲大振，邳彤被奉爲藥王，這裏也逐漸成爲全國藥材交易中心。明清時更爲興旺，安國藥王廟便也四海聞名。

有趣的是，藥王廟前塑有紅、白兩匹戰馬和兩個英武戎裝馬童，象徵著邳將軍征戰。這在全國所有藥王廟中是絕無僅有的。廟中碑碣林立，有的碑上刻著古藥方和藥材知識，十分珍貴。大殿正中供有藥王邳彤彩塑像，南北兩座配殿中，供奉中國大名醫塑像，左有華佗、孫林、張子和、張介賓、劉河間，右有扁鵲、張仲景、孫思邈、徐文伯、皇甫士安。

## 三一　保生大帝

疾病是人類一大危害，古代因條件所限，疾病更是人們的嚴重威脅，所以對治病救人的醫生極爲崇敬和感激。對那些醫術高超的名醫，更視爲神醫，他們去世後便被尊爲醫王、醫神，受到世人供奉。中國的醫神就有扁鵲、華佗、孫思邈等多人，但他們都是北方名醫，在南方則有一位著名的保生大帝。

保生大帝的祖庭是慈濟宮。慈濟宮又叫白礁古宮，在福建龍海縣白礁村，坐落在九龍江北岸入海處，背山面水，風光宜人。慈濟宮建於南宋初年，已有八百多年歷史，歷代都有增建，爲宮殿式建築，依山而建，雙層三進，雕樑畫棟，富麗堂皇，是宋元明清建築藝術的集大成，當地人稱之爲「閩南故宮」。殿內外還有十根臺灣運來的盤龍彩繪石柱。中殿所祀即醫神保生大帝，大帝頭戴旒冠，身著道袍。

保生大帝又叫「大道公」、「吳眞君」，本是福建的一位醫術高明的神醫。他姓吳名本（音滔），宋代龍海白礁人，出身寒微，自幼資質過人，博覽群書，精於採藥煉丹和針灸。他四處行醫，治病如神，甚至可起死回生。許多人拜他爲師，像黃醫官、程眞人、鄞仙姑等人都是他的弟子。吳本弟子滿天下，儼然爲一代醫術宗師。他還著有醫書傳世。

相傳宋仁宗的母后患了乳疾，太醫治不了，後經吳本診斷，藥到病除。仁宗大喜，要他留在宮中作御醫，但吳本堅持返回民間，替百姓治病，他對皇帝說：「我志在修眞，慈悲濟世，救死助傷，榮華富貴非我所願。」吳本回到民間，以自己的針灸絕技救活許多病人。他死後，鄉里在白礁村修了秋龍庵紀念他，以後宋高宗聽說這位民間醫生治過自己老祖宗的病，就命人在秋龍庵址重建了一座輝煌的宮殿式廟宇，就是後來的白礁慈濟宮。（《同安縣志》卷四十）

到了明代，據說吳本的再傳弟子治好了永樂帝皇后的乳疾，永樂帝特命匠人雕鑿了一隻石獅——「國母獅」，專程運到白礁慈濟宮，送給保生大帝。這隻奇特的國母獅至今還在廟中，石獅右掌高舉著吳本的「本」字印鑑。

明代末年，鄭成功在白礁一帶堅持抗清活動，許多白礁子弟參加了先鋒軍，他們在出征前，紛紛來到慈濟宮保生大帝神像前包上一撮香灰，帶在身上，祈求神靈保佑，同時也有不忘故土的意思。明永曆十五年（一六六一年）農曆三月十一日，先鋒軍在臺南學甲登陸。從此，這一天成爲白礁子弟遙拜大陸的節日。以後他們又按照白礁宮的規模樣式在臺灣學甲建了一座慈濟宮。

清初，有一年臺灣瘟疫猖獗，醫生們束手無策，福建籍鄉民渡海請來白礁慈濟宮的保生大帝靈身，供於南郡，瘟疫很快絕跡。此後，保生大帝的廟宇遍布全島，至今已有一百六十多座，同尊白礁慈濟宮為開基祖廟。每年農曆三月十一日，大陸白礁和臺南學甲鎮兩座慈濟宮都有大型廟會活動。學甲慈濟宮還要舉行「上白礁」謁祖祭拜儀式。人們敲鑼打鼓，載歌載舞，鞭炮齊鳴，許多人捧著一碗水走到祭壇前呷一口，表示飲水思源，不忘故土。參加這項活動的多達十數萬眾。

保生大帝起源於福建龍海，而後傳播於我國沿海、臺灣，以至東南亞各國。民間還傳說保生大帝曾向媽祖求過婚，二人都是救世的神明，常在一起救災除邪。天長日久，吳本對媽祖有了愛慕之心，遂向她求婚。但媽祖一心掛念痛苦的萬民，拒絕了吳本的美意。

保生大帝　（清）

保生大帝非常失望，也很生氣，便在農曆三月二十三日媽祖誕辰這一天施展法術，下起大雨，把參加迎神賽會的人們淋得濕透。到了第二年的三月十五日，是吳本的生日，媽祖也刮起大風，把遊行慶祝的保生大帝的帽子刮跑。

每年農曆三月中下旬，是臺灣海

峽的風雨季節，臺灣民間將多風多雨的原因歸之於這一對富於人情味神明的戀愛故事，想來神明們也喜歡惡作劇。（見《臺灣民間故事·大道公單戀媽祖婆》）

正如媽祖（天后）被人們尊爲「海峽女神」一樣，保生大帝吳本也被兩岸同胞尊爲「海峽醫神」。儘管二神的「婚事」未成，但他們都成爲連接海峽兩岸骨肉同胞的精神紐帶。

## 三二 開漳聖王

中國老百姓是最懂得感恩戴德的，對做了些好事的父母官更是感激涕零，乃至頂禮膜拜。其中一些有大功德者則被人們抬上了神壇寶座，成爲中國神祇中尊貴的一員。固然，神團中不乏魚目混珠的「贋品」，如二徐眞君之類實在是沒有什麼功德的「冒牌貨」，但那些由人成神中的多數，生前確實是曾造福百姓的。最著名者如中國的閻王包公、范仲淹，上海城隍秦裕伯、北京城隍文天祥、楊繼盛等。開漳聖王陳元光也是其中的一位。

開漳聖王陳元光的稱號很多，還有威惠聖王、聖王公、陳聖王、陳聖公、陳府將軍等。他是位地方大神，顧名思義，是因開發漳州的功德而成神的。

開漳聖王陳元光是位歷史人物。陳元光（六五七～七一一年）又名陳光華，光州固始（今屬河南）人。他自幼精通經史兵法，年十三，即領鄉薦第一。唐末僖宗時，他考中武進士。當時福建一帶仍為南蠻七閩未開化地區，陳元光奉命率軍平定了漳州一帶地區，並大力進行經營管理，積極開發，對當地百姓實行安撫政策，施以教化，漳州地區出現了空前繁榮的景象。百姓安居樂業，生活改善。陳元光死後被封為威惠聖王，受到漳州人民的敬祀，被奉為地方的保護神。

開漳聖王神像

又據《龍溪縣志》等史書記載，陳元光為衛戍福建的將軍陳政之子，唐儀鳳二年（六七七年）陳政病死任所，陳元光奉旨襲父職。因擊敗潮州盜亂，平息「綏安之亂」，被封為鷹揚將軍。陳元光後上〈請建州縣表〉，呈請在潮州與泉州之間設置漳州，得到朝廷批准，並首任刺史。陳元光在任期間施以德政，重墾荒，修水利，由於陳元光的大力開發，漳州人民生活安定，感其恩德。陳去世後，百姓於漳州立將軍廟塑像祭拜。

還有一種說法，唐末王審知趁社會動亂，在福建建立獨立政權——閩國，自稱閩王。陳元光為王審知的一員大將。當時福建地區尚未開發，有不少少數民族在此生活，漢人官吏施行鎮壓政策，與當地人民關係十分緊張。陳元光奉命來到龍溪（即後來的漳州），廣施仁政，安撫百姓，受到人民擁戴，成功地設置了漳州府，被任命為漳州最高長官。內地許多漢人得知陳元光在漳州的功德，紛紛移居漳州，開拓事業遂大為發展。陳元光死後被尊為開漳聖王。

以後隨著福建漳州一帶居民移居臺灣，漳州的保護神開漳聖王陳元光也隨移民來到臺灣，所以臺灣的漳州移民地區，多建開漳聖王廟供奉，北自基隆，南至屏東，陳元光的廟宇幾乎遍及臺灣全島，計有六十來座。據說陳元光是漳州地區的第一位陳姓人，所以漳州和臺灣的陳姓人尤其崇拜陳元光。

開漳聖王的祖廟在福建彰州市北門外，俗稱北廟，本名惠威廟。廟堂宏偉，大殿供奉陳元光及其屬下將領塑像。廟中尚有清代《重修威惠廟碑記》，記述了陳元光的族史，是研究漳州開發史的珍貴文物資料。在漳州市郊浦南鎮石鼓山，有陳元光墓，墓碑題有「唐開漳陳將軍墓」，墓前原有石牌坊，已圮。現存石羊、石虎、華表各一對。

## 三三　廣澤尊王（郭聖王）

廣澤尊王神像

在福建泉州南安縣鳳山上，有一座聞名海內外的鳳山寺。此廟始建於五代十國時期，距近已有千年歷史。廟內主神爲廣澤尊王，大殿祀其副身，北側殿傳爲「鳳眼」處，祀廣澤尊王正身及王妃像，殿內還放有一張粉金塗漆、雕刻精美的眠床，以供尊王夫妻「享用」。尊王的神像十分奇特，不同一般：衣著非佛非道，圓眼口闊，一足盤起，一足垂下。這副打扮也自有來歷。

廣澤尊王，又稱郭聖王、聖王公、保安尊王，是當地一位神化了的傳說人物。據說聖王叫郭忠福，又作郭洪福、郭乾，住在南安鳳山下，原是唐代名將郭子儀的後人。郭洪福成「神」的經過有幾種不同說法，其中《泉州府志》所載，實在沒有什麼奇異：

年十六歲時，忽取甕酒牽牛登

山，明日坐絶頂古藤上垂足而逝，酒盡於器，牛存其骨。已見夢鄉人立為廟，號將軍廟。

另有一種十分流行的傳說倒很有趣：

郭洪福幼年失去雙親，被叔父收養，生活很艱難。他便給一家陳地主做牧童，整日放羊。一天，主人請了個獨眼的風水先生，想找個「龍穴」爲祖宗造墳。但這個地主是個守財奴，對風水先生十分刻薄，郭洪福對他卻照顧得無微不至。一次，地主燉了一鍋羊肉款待風水先生，先生吃完以後挺高興，郭洪福便偷偷告訴他：「請你吃的羊肉，是昨天掉進糞窖淹死的那隻羊！」先生聽了大怒，便決定不告訴地主「龍穴」位置。

風水先生對洪福很有好感，便問他：「你想當皇上還是當神仙？皇上可享一世福，而神仙會世世代代受人參拜。」小牧童說：「我想當神仙。」先生說：「羊圈這裏就是『龍穴』，你可以把雙親屍骨遷埋在這裏。」又對他說：「你遷葬時，會有一群黑蜂追你，你趕快跑，半道上看見有人頭戴銅笠、牛騎人、魚上樹時，你馬上就地打坐，便可成神。」

郭洪福照吩咐遷葬父母屍骨後，果然一群黑蜂冒出，原來這裏有個蜂穴。洪福拔腿便逃，途中下起大雨，正趕上有人家辦喪事，他見一個和尙拿起銅鈸蓋在頭上遮雨，「好，這是『頭戴銅笠』。」一個牧童躲在了牛肚子下，——「牛騎人！」一個漁夫爬到樹上避雨，魚鈎上的小魚在枝頭跳躍——「魚上樹！」

郭洪福見了，馬上找到一塊盤石，在上打坐。叔父聽說，趕快跑來，扯下了他的左腿，但郭洪福已「升化成神」。人們便在此修廟塑像，建成鳳山寺。並傳說郭聖王時時顯靈，爲人治病，救助災患。

相傳清世宗雍正皇帝胤禛小時，出天花長了痘瘡，生命危急。一夜夢見一少年給他服藥，胤禛問：「這是何藥？」少年說：「是『降痘丹』。」又問：「你是何人？」少年說：「泉州郭乾。」說完不見蹤影。胤禛一覺醒來，病也好了。他登基後派人到泉州尋訪，找到了鳳山寺，下令擴建。到了同治皇帝時，又敕封爲廣澤尊王。所以在閩臺民間，也常把廣澤尊王作爲痘神來祈禱的。

祖籍泉州的臺胞，十分虔誠地供奉郭聖王，在臺灣有二十三座鳳山寺的分廟，在許多人家的屋裏，也供有聖王的神像。泉州鳳山寺爲廣澤尊王的祖廟，在海外華僑中很有影響，在僑居國中也多有仿建。

## 三四　朱天大帝

舊時江南一帶有些「朱天廟」，供奉朱天大帝。此神也有些奇特：紅臉膛，披髮赤足，右手持一圓環，左手拿有一棍。有的神像脖子下，還懸掛人頭一串，像《西遊記》裏受戒前的沙和尚。

這位神明乃道耶？佛耶？其實，他非佛非道，原來就是在北京景山吊死的明代崇禎皇帝！何以見得？當時江南民間曾流行一種所謂《太陽經》，其中說「太陽明明朱光佛」，崇禎皇帝死後，滿族統治者入主中國，對漢人實行高壓政策，民間只能用曲折隱晦的方法表達自己的感情。還有「太陽三月十九生」，陽曆三月十九正是崇禎朱由檢的忌日，即吊死的日子。後人紀念他，便附會他是「朱天君」，又是「太陽神」，又是「明明朱光佛」。神像披髮赤足，正是崇禎殉國的眞實寫照。

一六四四年三月，李自成的農民軍包圍了北京城，朱由檢見大勢已去，逼著皇后上吊，又砍死了幾個妃子，砍傷了女兒。三月十九日是他當皇上的最後一天，早晨他親自撞鐘，可百官沒有一個人前來，絕望已極的崇禎帝便帶著太監王承恩，出宮跑到煤山（景山），在一棵海棠樹下，光著左腳，右腳只穿襪子，長髮遮面，吊死在樹下。王承恩也對縊樹下。所以朱天君像被塑成披髮赤足。至於手執一環，是象徵縊索即繩套；另一手拿的木棍，則象徵那棵樹。

過去杭州一帶祭祀朱天君十分虔誠，要持齋一個月，上海人也持朱天齋，世世相傳，不肯廢棄。江南一帶迎神賽會菩薩出巡是最隆重熱鬧的。菩薩們有「機神菩薩錢鏐」、「關帝菩薩」等，而「朱天菩薩」（即朱天大帝朱由檢）排場最大。

手持令旗的「報童」騎馬跑過之後，便有「清道校尉」八對十六人，後面是八面抬鑼，鳴鑼開道，四面寫有「迴避」、「肅靜」的虎頭禁牌十分醒目，接著是三十二位「錦衣將軍」護駕，騎對子馬著甲執銳清道而過，接著是火銃齊鳴，震耳欲聾。後面是各種化妝表演的「會貨」（北叫「花會」），有舞獅、舞龍、抬閣、高蹺、調無常等，上百人的提爐隊和迎神隊後面即是「神轎」和「護駕侍衛隊」。迎神賽會成了民間的盛大節日。

崇禎皇帝死後被人們尊爲「朱天大帝」而受到頂禮膜拜，這一奇妙結局，是朱由檢做夢也想不到的。崇禎臨自盡前，歎道：「朕非亡國之君，臣乃亡國之臣。」他把責任一古腦推給了大臣們。其實他生性多疑，剛愎自用，中了敵人的反間計，殺戮忠良，自毀社稷，決不是什麼英主明君。只是他生不逢時，對千瘡百孔的明王朝沒有回天之力，至多算個「倒霉皇帝」。但許多人對他的死是同情的。

江南人民崇祀朱天大帝，最初是作爲懷念故國、反對清朝統治者的一種寄託，暗寓著紀念意義。但隨著日月流逝，年深月久，後世信徒們已不明瞭這一層寓意，完全變成了一般的祈福禳災了。

# 三五　造字先師

陝西白水縣史官鄉有座倉頡廟，近二千年前的東漢年間此廟已具有相當規模，以後歷代皆有增修。大廟包括前殿、正殿、後殿、獻殿、鐘鼓樓等。

後殿正中供奉倉頡神像，與眾神不同的是，神像有四隻眼睛，這是根據古書「倉頡四目」（《太平御覽》卷三六六引〈春秋演孔圖〉）的記載塑造的。傳說倉頡是從天上降下來的神人，他的品德高過大聖賢，長著四隻眼睛，神光四射。倉頡「生而能書」，發明了文字。也有說他見了鳥獸在地上留下的爪蹄痕跡，心有所悟，而創造了中國的象形文字。《說文·敘》曰：「倉頡見鳥獸蹄迒之跡，知分理之可相別異也，初造書契。」

我國早在仰韶文化時期，就有了圖畫文字。以後逐步演化成了眞正的文字。甲骨卜辭記載了當時人們的種種社會活動。文字的形成，標誌著人類進入了文明的門檻，在人類社會發展史上佔有極其重要的地位。人們自然要感謝和頌揚文字的創造者，於是出現了造字神話和造字之神倉頡這個傳說人物。倉頡被神化爲天神下凡，他有超過凡人一倍的眼睛，這樣就使他具有遠遠超過常人的特異功能，能看得更多、更遠、更清，因而才能創造非凡的業績。

其實，造字是人類社會活動中的一種群體活動，並非是一個什麼天才人物的獨家創造，而是許許多多的人共同努力的結果。當然，其中也不乏聰明智慧之士，總結群眾的集體創造，進行不懈地整理、加工和提高。這些人對文字的形成作出了重大貢獻。倉頡，就成了一個突出的代表。

倉頡是個傳說人物。傳說他是黃帝時的史官，所以他的家鄉叫史官鄉。他的名字和造字功勞早在戰國時期，就出現在許多古籍中。倉頡大概是個對整理古代文字作出過巨大貢獻的人，或者說，他是許許多多文字創造者的化身。

文字是人類文明發展史上一個重要標誌，一個里程碑。然而，中國有句古話，叫作「倉頡造字，夜有鬼哭」。文字誠然代表了文明，文字獄卻代表了黑暗。更有焚書者在（**焚掉了多少優秀文化！**），不唯褻瀆神明，尤其對不起祖宗了。

倉頡的功績是不朽的，有一幅倉頡廟聯作得好：

明四目製六書萬世文字之祖；
運一心贊兩儀千古士儒之師。

造字先師倉頡（明）

倉頡發明了文字，故古代以文字工作爲職業的胥吏們奉倉頡爲祖師，尊其爲「倉王」。胥吏們辦理文牘，時時離不開文字，自然要敬奉倉頡了。

陝西白水倉頡廟至今保存較好，在後殿倉

頡神像下面，相傳有隧道可以通到殿後的倉頡墓中。倉頡墓爲圓形土堆，高有一丈，墓頂有一棵古柏，枝幹每年輪流枯榮，俗稱「轉枝柏」，是不可多見的植物奇觀。

# 三六　魯班祖師

在世界各民族的神話傳說和創世史詩中，差不多都塑造了匠神和手藝神，這反映了人們對古代能工巧匠的推崇和頌揚。我國古代也產生了一批匠神，而家喻戶曉、影響最大的，要首推魯班。魯班傳說時間最久，地域最廣，故事最多，歷二千餘年而不衰。魯班也從歷史上一個著名工匠，而被神化爲名聲最大的匠神，被木、瓦、石等土木建築行奉爲祖師爺。

## (一)歷史上魯班其人

魯班在歷史實有其人，他是我國春秋末期魯國的一位著名工匠。他生於魯定公三年（前五

○七年）或魯哀公初年（前四九四年左右），大約活了六七十歲。

魯班又叫公輸般、公輸子，因爲他是魯國人，故被稱爲魯班（或魯般，班、般通用）。魯班的出身也有不同說法。一種認爲他本身就是工匠。《呂氏春秋・慎大覽》：「公輸般，天下之巧工也。」《孟子・離婁》亦稱：「公輸子之巧。」注云：「公輸子，魯班，魯之巧人也。」有人還進一步把他說成是窮工匠：「公輸子能用人主之材木，以構宮室臺榭，而不能自爲專屋狹廬，材不足也。」（東漢・桓寬《鹽鐵論・貧富篇》）就是說魯班有本事給老爺們建造漂亮的宮室和樓臺亭閣，可給自己蓋間「小廚房」都辦不到，材料老湊不齊。這完全是一個窮匠師的窘困形象。由此不禁使人想起了宋代梅堯臣的〈陶者〉：

魯班祖師　（清）

陶盡門前土，

屋上無片瓦。
十指不沾泥，
鱗鱗居大廈！

還有一種看法，魯班可能出身於工匠世家。據《禮記·檀弓》載：「季康子之母死，公輸若方小，殮，（公輸）般請以機封。」

東漢鄭玄對此注道：「殮，下棺於槨。（公輸）班，（公輸）若之族，多技巧者。見若掌殮事，而年尚幼，請代之。而欲嘗其技巧。」看來，公輸班可能出身於世代爲木工的氏族，見同族的公輸若年輕，對棺槨之類的殮事管理起來有困難，他憑藉自己高超的技術，便代替公輸若承擔了起來。

另外還有一種完全不同的說法，漢代趙岐在爲《孟子·離婁》作注時，說魯班「或以爲魯昭公之子」。不過，多數古籍都稱魯班爲「巧工」、「巧匠」，即是一技術高超的工匠，這也與後世魯班傳說一致。至於魯班貴公子出身的說法，後世沒有什麼影響。

魯班活動的時代正處於春秋戰國之交，這正是我國社會大變革的時代。這一時期由於鐵器的廣泛使用，生產力有了很大提高，同時，手工業也有了進一步發展。以木工爲例，早在西周即已有很細的分工：「分攻木之工七」（《周禮·考工記》）。這七個木工工種分別是「輪、輿、弓、廬、匠、車、梓。」到了戰國時代，木工的用武之地更多了，主要業務是建築房屋、製造戰車和車舟等交通工具以及棺槨等。當時手工業者有一定的活動自由，所以魯班才有可能到楚國去，為楚國製造了雲梯。

《墨子》的〈公輸篇〉和〈魯問篇〉記述了魯班（公輸班）為楚國造雲梯、鈎強（船上作戰的武器）等武器，但更多的記載是，他的發明和製作都是有關民生日用的，如鏟、鉋、鑽、曲尺等。

魯班在當時是以「巧」著稱於世的：

公輸子之巧，不以規矩，不能成方圓。

——《孟子·離婁》

公輸子削竹、木以為鵲（鵲），成而飛之，三日不下，公輸子自以為至巧。

——《墨子·魯問》

魯般、墨子，以木為鳶（鷹）而飛之，三日不集。

——《淮南子·齊俗訓》

世傳言曰，魯班巧，亡其母也。言巧工為母作木車馬，木人御者，機關備具，載母其上，一驅不還，遂失其母。

——《論衡·儒增》

魯班做成木鳥飛上天是有可能的，但連續飛上三天不落下，就是今天的現代化飛機也辦不到（中途空中加油不算）。至於說魯班曾做了一輛木車馬，趕車的人也是個木頭機器人，可以趕著車走，這也是有可能的，大概是歷史上最早的機器人。但說他母親坐在車上，開動機關後，跑得無影無蹤，把自已母親也丟了，這就太離奇了。看來，對魯班的智巧，當時就已增加了不少誇飾成分。漢代學者王充即指出這些傳說「必失其實者矣」。後世有關魯班的傳說更是源源不斷地產生出來。

## ㈡魯班的傳說與神化

魯班的傳說在唐代已大量出現並流行全國。魯班由最初的一個巧木匠而成爲一名超級建築工程師，他的活動範圍已由木工行當擴充到整個建築業，並增加了許多誇張和神異的內容。正如唐代段成式《酉陽雜俎·續集》卷四所說：「今人每睹棟宇巧麗，必強謂魯班奇工也。至兩都寺中，亦往往托爲魯班所造，其不稽古如此。」

魯班傳說最有名的，是家喻戶曉的「魯班爺修趙州橋」。這個傳說最早出現在何時已不可知，最初載於元初編撰的《湖海新聞夷堅續志》：

趙州城南有石橋一座，乃魯般所造，極堅固，意謂古今無第二手矣。忽其州有神姓張騎驢而過橋。張神笑曰：「此橋石堅而柱壯，如我過，能無震乎？」於是登橋，而橋搖動若傾狀。魯般在下，以兩手托定而堅壯如故。至今橋上則有張神所乘驢之頭尾及四足痕，橋下則有魯般兩手痕。此古老相傳，他文未載，故及之。

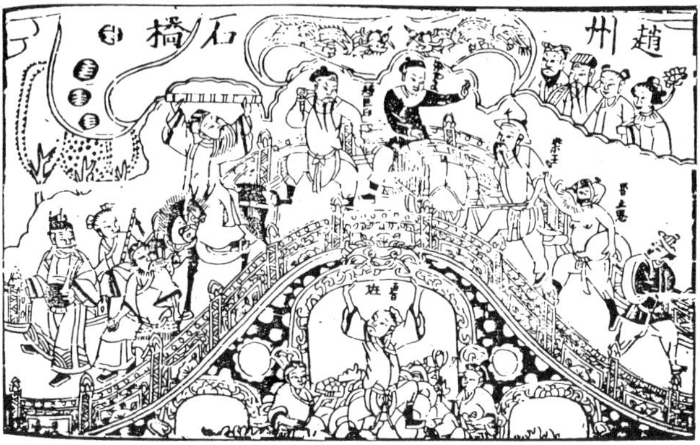


趙州橋　（清）

以後這位姓張的神仙被說成是張果老，並又增加了柴王爺，張果老褡褳裏裝著日、月，柴王爺的車上推著四大名山（或五嶽），魯班在橋下托住橋，趙州橋經住了嚴峻考驗。

魯班傳說數不勝數，各地的傳說又有情節相似的類型化現象。如魯班鋦塔傳說，北京就有魯班鋦白塔寺白塔的傳說，而河南邙山、太原雙塔、廬山千佛塔、西安太雁塔等，全有魯班鋦塔的傳說。再如魯班送蟈蟈籠子或其他小東西給工匠暗示出設計圖樣，在很多地區都有這類傳說。

唐宋以來行會制度十分普遍，許多手工業如木作、磚瓦作、石作、竹柳作等，都有自己的行會組織，這種行會到明清時轉化爲行幫。每一行都有自己的祖師即行業神，木、石、泥瓦行奉魯班爲祖師。據《魯班經》記載，明初木工已在北京建廟祭祀魯班。其他地區也「立有魯班廟，以爲祈報」（《嘉慶湘潭縣志》）。

供奉魯班神像的魯班殿又叫祖師殿，行會議事，訂行規、工價，乃至師傅收徒，都在祖師殿內舉行。祭祀魯班的日期，各地也不盡相同，分別爲農曆五月初七、六月十六、六月二十四、七月七、臘月二十等。香港的「三行」（泥水、木工、搭棚）工人把六月十六日定爲「魯班節」。這日要放假一天，建築工人們白天到西環青蓮臺的魯班古廟去敬香參拜，隆重祭祀；入夜則大擺筵席，開懷暢飲，與神同樂。「三行」工人們都認爲喝了先師的誕辰酒，可保全年平安無事。

魯班雖被奉爲神，但他與那些不食人間煙火的神佛完全不同。魯班爺是中國能工巧匠的卓越代表，他是人民非凡的聰明才智和創造力的化身。在魯班傳說中，他是一個面貌和善，衣著破舊，四處奔波，爲同行排憂解難的忠厚長者形象。「班門弄斧」成爲人們常用的成語。直到今天，人們還把一些最出色的能工巧匠，稱作「活魯班」、「小魯班」和「青年魯班」等，這是人民給予此神的殊榮。

### ㈢薊縣魯班古廟

魯班的廟宇曾遍布中國大地，最有紀念意義的當首推河北趙縣趙州旁的魯班廟。這座魯班廟又叫「公輸廟」，旁邊還有關帝廟和柴王廟。可惜這座魯班廟已於半個多世紀前塌毀，今天只能在清《趙州石橋神話傳說圖》（此畫卷高二尺，寬四尺）中看到了。

目前國內保存完好的著名魯班廟，要首推天津薊縣魯班古廟。此廟有山門、大殿、東西配殿，規模較大，建造精巧。魯班廟宇大多附於其他廟中，一般規模都不大，有的只有一間殿堂，稱「魯班殿」。天津薊縣魯班廟這種規格很不一般，這大約與過去全國各地工匠曾雲集於薊縣有關。

## 三七　梅葛二聖

尊師敬祖是我國人民的一種傳統美德。過去各種手藝行，都有自己的祖師爺。逢年過節，手藝人們都要紀念和感謝創造斯業的祖師。梅葛二聖是染布行業的兩位祖師爺。

「梅葛二聖」的故事流傳很廣，南至四川，北至幽燕，很多地方都有梅葛二聖紙馬及其傳說。所謂「紙馬」，又叫「甲馬」，舊時祭祀所用，用五色紙或黃紙製成，上面印有神像，祭神時焚之。清代學者趙翼在《陔餘叢考》卷三十稱：「昔時畫神像於紙，皆有馬以爲乘騎之用，故曰紙馬也。」不過紙馬上面所印神像並非皆有乘騎，故清代另一學者虞兆漋認爲：「俗於紙上畫神佛像，塗以紅黃彩色，而祭賽之，畢即焚化，謂之甲馬。以此紙爲神佛之所憑依，似乎馬也。」（《天香樓偶得》）紙馬供祭祀時焚化用，雖印量很大，但很少保存。文中所附「梅葛二聖染布缸神」紙馬，彌足珍貴。

有關梅葛二聖（或梅葛二仙）的來歷，有兩種傳說。一種是，最初人們用棉布和麻布縫製衣服，確比獸皮羽毛舒適多了，但可惜都是灰白色的，不如獸皮羽毛漂亮。有個姓梅的小伙子，一次不小心摔倒在泥地裏，河泥染髒了白布衣服。於是他脫下在河裏洗，怎麼也洗不乾淨，衣服成了黃色。村裏的人一見都說挺好看。小伙子把這個祕密告訴了好朋友——一個姓葛的小伙子。於是河泥可以染黃布的事傳開了。從此，人們穿上了黃色衣服。

梅、葛兩人尋思著染成其他顏色，總不成功。一天，他倆把白布染黃，掛在樹枝上。忽然，布被吹落在草地上。等他倆發覺後，黃布成了「花」布，上邊青一塊，藍一塊。他們覺得奧妙準是在青草上。於是兩人拔了一大堆青草，搗爛了，放在水坑中，再放入白布，嘿，一下變成藍色了！此後，人們又穿上了藍衣服，還把這種染衣服的草叫「蓼藍草」。梅葛二人也成了專門染布的先師。

一天二位先師正染著藍衣服，一邊幹活一邊喝燒酒，葛先師一仰脖灌下了一瓦罐燒酒，他喝得太猛了，一嗆，把酒吐到了染缸裏。不想，缸裏的布被染成了鮮藍的顏色。此後，梅葛二先師就改用酒糟發酵，使蓼藍沉澱物還原的方法染布，又快又省力，顏色又鮮亮，並且長久不掉色。

染匠們爲了紀念梅、葛二位先師的功績，就把他倆尊爲祖師爺，稱爲「梅葛二仙」。

另一種傳說更爲有趣，「梅葛二聖」並不是什麼先師，而是一鳥一果。傳說：最初，古人們不管是老百姓還是皇帝，穿的衣服都沒顏色，有個皇帝覺得自己與百姓們穿一樣沒有色彩的

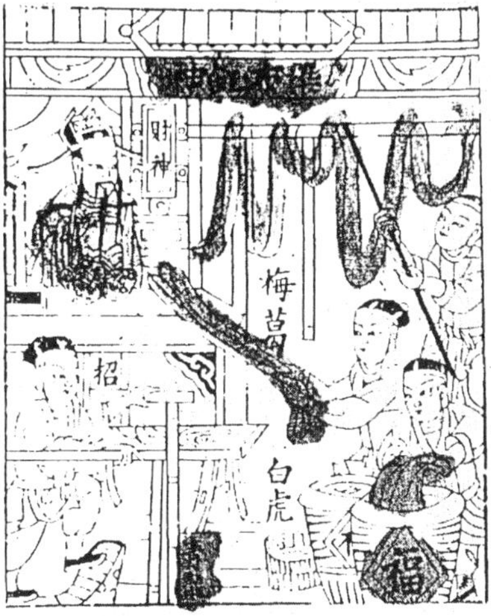


梅葛二聖　（清）

衣袍，顯不出尊貴，就下令工匠們爲他製一件跟太陽一樣鮮紅的袍子。工匠做不出，就被殺掉，一連殺了許多人，紅袍子還是沒製出。

一天，忽然來了位老人，他爲了救工匠們不致被斬盡殺絕，就矇皇帝說：「我能造紅袍，但要一些時日。」老人不過是緩兵之計。這天他來到山林裏正在苦想如何使皇帝再寬限些日期。忽然發現一隻葛鳥在吃梅果，它一面叫，一面吃，梅子的紅汁從鳥嘴裏流了出來。老人一下有了主意，用紅梅汁染成紅袍，或許能

應付過去。老人一試，果眞成功了。老人拿紅袍交了差，在暴君的刀口下救活了無數工匠。衆人都把老人視爲「活神仙」，要給他立廟供祀。

老人不答應，說是天帝派了兩個神仙，一個姓葛，一個姓梅，來救大家。於是，人們按照老人的模樣塑造了梅葛二聖像，建廟供奉。

過去，一般有染布店、刷紙作坊、印製年畫的地方，如河南開封朱仙鎭，四川綿竹、夾江等地皆有梅葛廟，沒有廟的地方也有「梅葛仙翁」紙馬神像刷印。在每年四月十四日和九月初九這兩天，染匠們都要齊集梅葛祠或梅葛廟裏聚會祭祀，同飮「梅葛酒」，以示行業興旺，後繼有人。

## 三八　無量祖師

舊時江湖中有一重要行當，即打卦問卜，相面算命。這一行當歷史極其久遠，源於遠古的巫祝卜筮。

這一迷信職業有著自己特殊行規和祖師爺。祖師爺有多位，一般以無量祖師、周公、桃花娘娘爲多。從事相面算命職業的，除固定設攤擺桌的以外，有相當數量的人是浪跡天涯，四處爲生的。有的還是家傳、世襲，常常集體外出謀生。他們外出時要舉行隆重的出行儀式。其中以甘肅永登縣薛家灣的職業算命者最具代表性。

他們首先要選擇一個好日子，算到「喜神」在何方，然後備好驢，拉出大門，點燃鞭炮，來到空曠的沙溝裏，朝著喜神所在的方位禱告。口中唸唸有詞：「願神保佑我空懷出門，滿懷進家，衣糧萬擔。保佑我吉利無災，賊來迷路，刀來捲刃，狼來縮口。」然後燒一道黃裱紙，點三支香，拉驢回家。

玄天上帝　（明）

回家後，供上三位祖師神位，無量祖師居中，周公居左，桃花娘娘居右，供品是饅頭、米飯、肉菜等。點燃香燭，燒紙錢、黃裱紙，磕頭禱告。最後，灑酒祭奠祖師。這才放心地到外地謀生。

在算命先生中，很早就有一種說法：天下有「四霸天」，各霸東、西、南、北四方。北霸天的教主，就是無量祖師；東霸天的教主，是太上老君；西霸天的教主是釋迦佛祖；南霸天的教主，是南海觀音大士。這東、南、西、北的中間教主，就是玉皇大帝。（參見《民間文學論壇》一九八八年第五期〈「薛家灣人」的職業及其信仰習俗〉）

無量祖師到底是何許人？

答案不難找到。

無量祖師的名號不見於佛經道典，他的專廟也不多見，但卜卦者供奉參拜的神像，卻很有特點：披髮、赤足、黑衣、仗劍、足踏龜蛇。再看有關祖師的傳說，就更明顯了。

無量祖師被說成是明朝永樂皇帝的太子，傳說他在武當山修行多年，得了道，在舍身崖往下跳，覺得身子極輕，腳一下落到了地上，可覺得腳下踩著個東西。仔細一看，腳下躺著個身子，也是披著髮，光著腳，原來正是自己的肉身——所謂「臭皮囊」。於是無量祖師用劍把肉身一撥，肚子裂開，一道紅光從肚中冒出，向北方飛去。

有一天，無量祖師的徒弟周公和桃花娘娘，同天下的青蛇、烏龜打了起來，可怎麼也打不過，便回來向祖師求救。無量祖師前去一看，原來青蛇就是自己的腸子所化，而烏龜則是自己肚子（胃）所化。龜、蛇一見本主來了，便乖乖馴服了，無量祖師便將它們收為部將。

顯而易見，這位不見經傳的所謂「無量祖師」，原來就是北方大神玄武帝，又叫眞武帝君。至於「無量」的稱號，大約是參照佛教「無量壽佛」的稱號而借用的。無量壽佛是說他的壽命無法計算，無窮大。「無量祖師」則指祖師的法力無邊。《道藏》第六〇六冊《玄天上帝啓聖錄》中稱：「自斯玄帝（即眞武帝）千變萬化，爲主教宗師，分身降世，濟物度人，無邊無量，洞天福地，無不顯靈，感靈事跡，簡冊難窮。」正是這一稱號的極好注腳。

眞武原本沒有什麼占卜算命的特殊本事，但因他的兩員得力幹將周公與桃花女，一是算命的高手，一是厭勝（以詛咒制服人或物的巫術）專家，他們的主子自然借弟子的光，當上了相士行的祖師爺。

至於眞武的來歷，是經過了一個十分曲折而又漫長的演變過程。（請參閱〈眞武帝〉一節）。

眞武身世變得無比高貴，地位也極顯赫，其原身龜蛇，只好屈尊足下，成爲眞武手下的龜蛇二將。除龜蛇二將外，眞武兩旁還常塑金童、玉女，俗謂周公與桃花女。

玄武七宿之首宿「斗宿」，即南斗，俗謂「南斗注生、北斗注死」；而其侍神周公善卜，桃花女善解禳，這就使眞武又具有司命的神性。於是被算命先生們請去，改頭換面，編派出「無量祖師」尊號，奉爲行業保護神了。

# 三九　茶神

俗話說：開門七件事，柴、米、油、鹽、醬、醋、茶。第七件是茶，看來茶與人們的日常生活密不可分，竟與柴、米等生活必需品相提並論。

茶是中國人對人類的特殊貢獻之一，它不僅成爲中國人傳統的飲食習俗，並且還傳到國外，受到各國人民的歡迎。唐代著名詩人元稹曾寫過一首詠茶〈七字詩〉，很有意思：

茶

香葉，嫩芽。

慕詩客，愛僧家。

碾雕白玉，羅織紅紗。

銚煎黃蕊色，椀轉麴塵花。

夜後邀陪明月，晨前命對朝霞。

洗盡古今人不倦，將知醉後豈堪誇！

詩中對茶進行了由衷讚美。

不過，茶被當作家庭普遍飲用的飲料，要比酒晚得多。最初，茶是被當作藥材，也不叫「茶」。「茶」字是在唐代定下來的。在唐之前的古籍中，只有「荼」、「檟」、「蔎」、「荈」、「茗」等字，荼是一種苦菜，也當「茶」字用。最初稱茶爲「苦荼」。《詩經》中就有「誰謂荼苦」（《邶風・谷風》）、「採荼薪樗」（《豳風・七月》）之類的詩句。

在長期的醫藥實踐中，人們逐漸認識到茶不但可以治病，而且還能清熱解渴，健腦提神，並富有清香氣味，是一種極好的飲料。於是人們開始大量種植、採製，漸漸養成了一種飲茶習慣。但「荼」在唐前，有當名詞用的（如「誰謂荼苦」），有當動詞用的（如「荼毒生靈」），還有當形容詞用的（如「如火如荼」），隨著飲茶越來越深入人們的生活之中，作爲飲用植物的「荼」越來越廣泛，爲避免與「荼」字的其他涵義相混，唐人便把「荼」字減去一筆，而成了「茶」字。「茶」字便成了這種飲料的專用名詞了。當時，「荼」、「茶」二字讀音是相同的，不像以後乃至今天二字的讀音相差很大。

茶從藥用過渡到飲料，大約是在西漢。司馬相如〈凡將篇〉和王褒的〈僮約〉中，都有茶的記載。

飲茶的普及和盛行是在唐代，而茶學專家陸羽和《茶經》的出現，更稱得上是飲茶史上的一座里程碑。

陸羽生活在唐玄宗至唐德宗年間，大約活了七十歲。陸羽雖然長壽，但其一生卻極其坎坷。他剛一降生人世，就被父母遺棄在復州竟陵（今湖北天門）的河岸邊。他的哭聲驚動了附近龍蓋寺的一個和尚（一說是智積大師），將其收養。這個小孤兒模樣不佳，卻極聰明。「及長，聰俊多聞，學贍詞博，詼諧談辯，若東方曼倩（即西漢大滑稽家東方朔）之儔。」（《大唐

傳載》）

因是孤兒，父母無蹤，故無名無姓。他得名陸羽有兩種說法：一是「竟陵龍蓋寺僧姓陸，於堤上得一初生兒，收育之，遂以陸爲姓。」（《大唐傳載》）一說，他爲此求助於「易」卦，卜筮得到的卦辭爲：「鴻漸於陸，其羽可用爲儀。」這一卦辭出於《易經·漸卦》：「上九：鴻漸於陸，其羽可用爲儀。吉。」

鴻，水鳥也。漸，這裏作「進」講。儀，此指古人文舞的道具，用鳥羽編成。漸卦是說家庭生活的卦。「上九」卦辭的意思是：水鳥到了高平地，它的羽毛可以編成文舞的道具。這個小和尚看這一吉卦倒與自己的身世相合，很高興，便以陸爲姓，以羽爲名，以鴻漸爲字。

小陸羽在寺中受了不少苦，後不堪忍受，逃離了寺廟。他做過優伶，當過伶師。陸羽多扮演丑角，演了一些滑稽戲，顯示了他詼諧善辯的才能。但生活經歷的不幸又常使他「獨行野中，誦詩擊木，徘徊不得意，或慟哭而歸」。陸羽淡薄名利，他曾作詩曰：「不羨白玉盞，不羨黃金罍，亦不羨朝入省，亦不羨暮入臺，千羨萬羨西江水，曾向竟陵城下來。」（《唐國史補》卷中）

陸羽通過自學，有很高的文學修養，結交了顏眞卿、張志和等一批名士。史書稱其有文采，好深思，「恥一物不盡其妙，茶術尤著」。陸羽「性嗜茶」，他爲了研究茶的品種和特性，遊歷天下，遍嘗各地出產之茶，遍嘗各地之水，常要親身攀葛附藤，深入產地，採茶製茶。友人皇甫曾寫詩讚道：「千峰待逋客，春茗復春生。採摘知深處，煙霞羨獨行。」（〈送陸鴻漸山人採茶〉）皇甫冉也有詩曰：「採茶非采綠，遠遠上層崖。布葉春風暖，盈筐白日斜。舊知山寺路，時宿野人家。」（〈送陸鴻漸棲霞寺採茶〉）這些正是陸羽深山採茶、孜孜追求茶術的眞實寫照。

朝廷聽說陸羽很有學問，就拜他爲太子文學，不久又叫他做太常寺太祝。但陸羽對當官毫無興趣，根本不去，一心撲在了研究茶上。陸羽隱居苕溪（在今浙江西北部），專心著述。他積多年經驗，終於寫出了《茶經》這部中國第一部，也是世界第一部研究茶的專著。全書共三卷十篇：一、茶之源，記茶的生產和特性；二、茶之具，記採茶的工具；三、茶之造，記採茶的季節、時刻、晴雨等；四、茶之器，記茶的加工及其用具；五、茶之煮，記煮茶的方法；六、茶之飲，記飲茶的方法；七、茶之事，記歷史方面嗜茶的人事；八、茶之出，記茶的出產地區；九、茶之略，略述從造具始到飲茶止；十、茶之圖，「其曰圖者，乃謂統上九類，寫以絹素張之，非別有圖。其類十，其文實九也」。（《四庫全書總目提要》卷一百一十五）

《茶經》記述詳備，將茶的性狀、品質、產地、種植、採製、加工、烹飲方法及用具等，皆盡論及。古人稱「言茶者莫精於（陸）羽，其文亦樸雅有古意」。此書開茶書先河，以後的百餘種茶書皆源於此。

在江西上饒市廣教寺內，有著名的「陸羽泉」。他曾在此隱居多年，築有山舍。宅外種植茶園數畝，並開鑿一泉，水清味甜，被品爲「天下第十四泉」，傳說《茶經》是在這裏寫出的。陸羽泉至今保存完好。

陸羽對人們的飲食生活做出了很大貢獻，人們要感謝他、紀念他，陸羽死後不久，就被奉爲「茶神」。唐人李肇在《唐國史補》卷下中就記載了一位刺史視察庫房時發生的一件趣事：

刺史乃往，初見一室，署云「酒庫」，諸醞畢熟，其外畫一神。刺史問：「何也？」答曰：「杜康。」刺史曰：「公有餘也。」又一室，署云「茶庫」，諸茗畢具，復有一神。問曰：「何？」曰：「陸鴻漸也。」刺史益善之。又一室，云「菹庫」，諸菹畢備，亦有一神。問曰：「何？」吏曰：「蔡伯喈。」刺史大笑，曰：「不必置此！」

這位庫官以夏代杜康爲酒神，來鎮酒庫；以陸羽爲茶神，來鎮茶庫，刺史認爲很應該。至於以蔡伯喈爲菹庫神，就有些不倫不類。菹，就是酸菜，蔡伯喈即蔡邕，是東漢末的大文學家、著名才女蔡文姬的父親，他怎麼與酸菜發生了關係？大概是這位自作聰明的庫官取「蔡」與「菜」同音，就找了歷史上一位姓蔡的名人，來當「菜神」了，難怪惹得刺史大笑，說道：「不必置此！」

當時的陸羽像多爲陶瓷製品，爲茶商和茶肆老板所供奉。《因話錄》載：「陸羽性嗜茶，始創煎茶法，至今鬻茶之家，陶其像置於錫器之間，云宜茶足利。」《唐國史補》又載：「鞏縣陶者多爲瓷偶人，號陸鴻漸，買數十茶器得一鴻漸，市人沽茗不利，輒灌注之。」《唐書・陸羽傳》亦稱：「時鬻茶者至陶（陸）羽形，置煬突間，祀爲茶神。」

此俗到了宋代亦然。宋·歐陽修《集古錄跋尾》卷九謂：「至今俚俗賣茶肆中，常置一偶人於竈側，云此號陸鴻漸。」

茶走入了文人生活，不僅爲了解渴提神，更能陶冶性情。品茶給文人學士帶來了無限的情趣和歡悅。曾做過唐朝宰相、「牛李黨爭」的李派首領李德裕曾寫過一首〈憶茗茶〉：「松花飄鼎泛，蘭氣入甌輕。飲罷閑無事，捫蘿溪上行。」李德裕在嚴酷激烈的政治漩渦中，抽空一品香茗，藉以鬆弛一下極端緊張的神經，並寄託了自己對悠閑生活的嚮往。大詩人白居易在〈食後〉詠茶詩中，寫道「食罷一覺睡，起來兩甌茶。」顯示了飲茶的樂趣。

宋代蘇軾甚至說「從來佳茗似佳人」，並在〈試院煎茶〉詩中寫道：「且學公家作茗飲，磚爐石銚相行隨。不用撐腸拄腹文字五千卷，但願一甌常及睡足日高起。」

明代文人還有焚香伴茶的情趣。文震亨在《長物志》卷十二中稱，焚香伴茶，可以清心悅神，暢懷舒嘯，遠辟睡魔，助情熱意，遣寂除煩，佐歡解渴。簡直妙不可言。

飲茶也與佛門結下了不解之緣。坐禪是佛僧們修持生活的重要一課。但長時間的靜坐，容易疲勞困倦，這就需要清心提神。佛門還有過午不食的規定，午後也需要補充飲料。於是，具有興奮大腦、消除疲乏功效的茶，就成爲禪僧們最爲理想的飲料。寺院中曾專門設有「茶堂」，爲禪僧討論佛理，招待施主賓客，品嚐名茶之所。禪僧坐禪時，每焚完一枝香，就要飲茶，以提神益思。禪僧們早起盥洗後，先飲茶再禮佛，飲後又先飲茶再作佛事。有的寺僧一天竟要飲四五十碗茶。

佛門提倡飲茶，也重視種茶，製茶，我國的許多名茶，最初都產於寺院。佛寺的飲茶和種茶風氣，也進一步促進了民間飲茶習俗的普及。

我國古代還有以茶作爲結婚聘禮的習俗。明·陳耀文《天中記》卷四十四說：「凡種茶樹必下子，移植則不復生，故俗聘婦必以茶爲禮，義固有所取也。」這是由於茶樹的栽培只能下種，不能移植，人們取其含意，把茶作爲女方接受男方的訂婚聘禮，叫「受茶」或「茶禮」。《紅樓夢》第二十五回，王熙鳳說林黛玉：「你既然吃了我們家的茶，還不給我們家當媳婦？」就用了「受茶」這個典故。

早在唐朝，茶即傳入日本。後來日本榮西禪師曾幾次入宋，他對中國茶很有研究，寫出了日本第一部茶書《吃茶養生記》。榮西並傳播了茶道的教義，奠定了茶道的基礎。十七世紀初，我國茶葉輸入歐洲及其他地區，成爲世界各國人民喜愛的飲料之一。

## 四十 酒神

三國時魏武帝曹操寫過一首有名的〈短歌行〉，其中有兩句唱的是：

慨當以慷，憂思難忘。何以解憂？唯有杜康。

詩中的「杜康」是位酒神，傳說是古代最早造酒者，他的名字也用以指酒。漢・許慎《說文》第七中稱：

酒神杜康　（清）

古者少康初作箕帚、秫酒。少康，杜康也。

秫，是黏高粱。在夏朝少康時，已經用高粱釀酒了。少康姓姒，是夏啓的孫子。父親被寒浞所殺，他聯合夏朝大臣攻殺寒浞，恢復了夏朝統治，自己作了國王，史稱「少康中興」。夏代政權是啓建立的，但眞正把這個政權鞏固下來的，是少康。夏代傳世四百餘年，少康起了重大作用。

少康即杜康曾作有虞氏（今河南虞城南）庖正，並在此成家。今天河南汝陽縣還有個杜康村，傳說是杜康造酒處。最近，還在村中發現了一座古代造酒遺址，經專家鑒定，爲三國建安時期的文物。酒竈寬二·五米，深二米，用磚鋪成，火門完整無缺，爐膛內還殘存不少木炭，並出土了三件酒器和一些陶器殘片。這對我國造酒史研究頗有價値。

不過，杜康並不是傳說中最早的造酒人。還有一位儀狄，要比杜康早得多。儀狄是傳說中夏禹時的釀酒者。《古史考》稱：「古有醴酪，禹時儀狄作酒。」《戰國策·魏策二》對此有詳載：

昔者帝女令儀狄作酒而美，進之禹，禹飲而甘之。遂疏儀狄，絶旨酒，曰：「後世必有以酒亡其國者。」

夏禹疏遠善釀美酒的儀狄，不愧爲賢明之君，爲後世國君作出了榜樣，可惜，歷代帝王沒有幾人能做到。

十六國時前秦的秘書侍郎趙整爲此做過很好的注腳：

秘書侍郎（趙）整以（符）堅頗好酒，因為《酒德之歌》，乃歌曰：「地列酒泉，天垂酒池。杜康妙識，儀狄先知。紂喪殷邦，桀傾夏國。由此言之，前危後則。」

——《十六國春秋・前秦錄》

那麼，最早釀酒者即為儀狄嗎？不然。

宋人竇苹在其所撰《酒譜》中，作了論證：

「世言酒之所自者，其說有三。

禹惡旨酒貶儀狄　（明《開辟演義》）

其一曰：儀狄始作酒，與禹同時；又曰：燒酒千盅，則酒作於堯，非禹之世也。

其二曰：《神農本草》著酒之性味，《黃帝內經》亦言酒之致病；則非始於儀狄也。

其三曰：天有酒星，酒之作也，其與天地並也。

予以謂是三者皆不足以考據，而多其贅說也。」

竇苹認為酒的出現源於祭禮，「古

者食飲必祭先酒。」

此說有理，酒並非是由哪一個人首先發明出來的，而是逐步演化而成的。酒的產生，實際上是在還沒有文字記載的歷史之前即已有了。考古發現，遠在五千多年前的新石器時代龍山文化早期，就有釀酒和飲酒器物出土。最早的酒是用植物的塊根或果實釀製的，如以甘蔗、麻根、都柿等釀酒。農業興起以後，才出現用穀物釀酒。酒的發明，可能是人類在採集活動中把剩下的果實保存起來，經過日曬、發酵而積水為酒；或是婦女在哺乳嬰兒時發現的（哺乳時可能發現酒味），今天還有馬奶酒，即以馬奶發酵而成。自從酒問世以來，經歷了自然發酵的果酒、榨製酒（如黃酒）和蒸餾酒（如白酒）這三個發展階段。酒的發明是集體的產物。至於古書所載「儀狄始作酒醪，變五味。少康作秫酒」。（《世本》）不過是說儀狄、少康（杜康）是古代傳說中的釀酒高手罷了。

文字出現以後，即有「酒」字產生。

過去的釀酒行業有供奉酒神的習俗，直至民國時還保留著這種傳統。

# 四一 窯神

早在原始社會，人們學會了製作陶器，陶器的發明是人類的一大進步。陶器在新石器時代以後，大量出現了。最初燒製陶器是露天燒陶，以後有了專門燒製陶器的陶窯。據考古發現，我國仰韶文化的陶窯是相當進步的。在燒陶的基礎上，逐漸發展到燒製磚瓦瓷器等，燒製這些器物的專門建築物，被稱爲磚窯、瓦窯、瓷窯等。燒製磚瓦陶瓷也成爲重要的手工藝之一，成爲一種專門的行業。每個行業都有自己的行業神或祖師爺。窯工們爲了紀念和感謝陶瓷業的行業神，並希望得其福佑禳災，故無不供起窯神，修建了許許多多的窯神廟。

窯神　（清）

窯神廟中供奉的窯神並不是一位，竟多至七八位。據清咸豐二年（一八五二年）陝西耀州窯《重修陳爐鎮西社窯神廟四聖祠並歌舞樓碑記》，明確指出「以舜爲主，配享者老子、雷公」。可知這三位爲窯神廟之主神。

舜是傳說中的五帝之一，炎黃聯盟的首領。他被當作陶神，據說舜「昔者爵耕於歷山，陶於河瀕」（《墨子．尚賢》）。這與「神農（即炎帝）耕而陶」（《世本》）的傳說，十分相似。

老子是道家創始人，被道教奉爲祖師爺，號「太上老君」、「道德天尊」。道教講究燒丹煉汞，這就需要掌握火候。燒製陶瓷用品也直接與火打交道，掌握火候很重要，於是便把「八卦爐」的主人李老君視爲爐神——窯神了。李老君不只是窯神，還身兼數神，凡是與火爐有關的行當，比如打鐵的、鑄鍋的，還有補鍋的等鑄造行業，也都以老君爲祖師。清·孫嘉淦在《重修爐神庵老君殿碑記》中說：

> 老君之為爐神，於史傳無所考。予嘗揆以意，或世傳道家丹竈，可鉛汞致黃白故云爾，抑亦別有據耶？

其實，許多行業神全爲附會而生，是用不著什麼「考」的。

另外，燒窯要大量取土，但舊時有個迷信觀念，認爲土是太歲神所管，俗話說：太歲頭上動土——膽大妄爲！因而取土即要觸犯太歲神，免不了受到災禍。但窯工們請來了太上老君，級別高多了，完全可以管住太歲，於是窯工們取土時便百無禁忌，沒有任何顧慮了。人們還編了個《李老君鬥太歲》的民間故事，把老君這位保護神的威力，更加形象化。

雷公是司雷之神，與風雨有密切關係。古代燒窯因條件所限，也往往仰仗自然氣候，雷雨天對煤柴等燃料和窯器的質量有很大影響。窯工供奉雷公是希望得到自然神的恩賜，燒窯時天氣晴好，使得窯器產量多，成色好。有的地方，窯神廟中的雷公實指製瓷高手。如陝西白水縣瓷窯所供雷神是當地製瓷名匠雷祥，對此，清代的《白水縣志》有記載。

窯神廟中除舜王、老君和雷公三位主神外，還有四位小神，即山神、土地和牛馬二王。土和山是燒製磚瓦陶瓷的原料來源，否則就成了無源之水，無本之木，「巧婦難爲無米之炊」，沒有了土石，窯工便斷了生計。所以要感謝和祈求山神和土地。牛馬二王即畜力馬與牛。古代沒有卡車拖拉機，從採料場採得的原料運到窯場，主要靠牛馬和牛車馬車，將牛馬敬奉爲神，是對勞動工具的依賴而產生的崇拜。

窯神廟爲主建築，供奉三位主神，廟側是四聖祠，供奉四位輔神（山、土、馬、牛）。這種安排，似乎受到了佛教三世佛、四大金剛的影響。窯神廟對面常建有歌舞樓，每年農曆二月十五和三月初三祭窯神。祭窯神又叫「鬧窯神」，一連要大鬧三天，唱戲歌舞，大吃大喝。

除了磚瓦陶瓷窯有窯神廟以外，煤窯也建有窯神廟，但煤業的窯神與陶瓷業的窯神有所不同。如北京門頭溝是重要煤礦區，舊時民間藝人曾唱道：「櫃房好比金鑾殿，拔道（煤窯口）如同佛爺龕，龕裏頭供著神三位：山神、土神、窯神在中間。諸位要認識祖師相，頂燈，拄鎬、倒提著一串錢……」

煤礦窯神有多種，有的塑像是文官形象，神態溫文爾雅。有的是狀如武將，面目凶猛，頭戴冠巾，身披鎧甲，內著黑袍，十分勇武。兩側侍童分別手持燈盞、酒瓶等物。礦工們還常買來木刻的窯神紙碼，供在家中。

供奉窯神，對窯主來說，是請神保佑多出煤，發大財；對礦工來說，則是請神保佑平安，免於塌方落頂。

煤礦祭窯神爲臘月（農曆十二月）十七（有的在臘月十八）。屆時在窯口擺上兩張大八仙桌，祭品是整雞、整豬，豬脊上留一小撮鬃毛，並梳成小辮，上插紅色紙花。窯主們燒香叩拜，還要擺上豐盛的酒席，招待礦工。什麼拉駱駝的，趕驢馱煤的，乃至要飯的叫花子都可以入席，大碗喝酒，大塊吃肉。然後爲窯神爺唱大戲，叫做「恭慶窯神，同行演戲」。

舊時窯工下窯與漁民出海一樣，安全保險係數很小，說不定什麼時候會塌方冒頂、瓦斯爆炸，用窯工們的話說，是「吃的陽間飯，幹的陰間活」，因此他們向窯神禮拜最勤，也最不惜血本。

## 四二　陶神

在四川灌縣青城山麓丈人峰下，有一座著名的道觀建福宮。建福宮原叫「丈人觀」，殿內有一位白髯飄灑，峨冠博帶的神像。這位主神就是五嶽丈人寧封子。

寧封子何許神明？爲何在此享受人間香火？

原來，寧封子是傳說中黃帝的陶正，也就是當時專門管理造陶器諸事的官兒。寧封很會燒製陶器，而且技藝超群。相傳，有一天，他正在燒陶，有個人路過這裏，願意幫助燒燒火，寧封高興地答應了。這位不速之客出手不凡，他燒的火能出現於五色煙，製出的陶器不知比寧封高出多少倍。寧封拜這位奇人爲師，得到了眞傳。有時興起，竟能跳進火窯裏，隨著煙氣上下升騰。此說載於《列仙傳》卷上、《搜神記》卷一。

陶神寧封子　（清）

後來蚩尤作亂，黃帝打不過蚩尤，便來找寧封子，請他出主意。寧封送給黃帝一部仙書《龍蹻經》，黃帝得以御雲龍以遊八極。終於打敗了蚩尤，於是拜寧封爲「五嶽丈人」，讓他管領川嶽百神。

寧封的來歷另有一說，四川灌縣青城山建福宮後面有座山，叫「丈人山」，是軒轅黃帝問道於寧封丈人的地方，寧封因封於此山，故名「寧封」。當時天地初開，洪水泛濫，百姓們只好住在山上的洞穴裏。每天到山下取水，用潮濕的泥土做成盆狀器皿，用來盛水。但這種器皿很不結實，極易碎裂。

有一次，寧封在洞中燒野獸，他忽然發現火坑底部的硬泥塊，十分結實堅硬，眼睛一亮，悟出了道理。寧封燒出了第一批陶器，成了製陶專家，被黃帝封爲陶正。一天，寧封在窯中架火燒陶，他爬上窯頂去添柴，不料窯頂忽然坍塌，寧封不幸葬身火海。人們急忙跑出來，看見寧封的影像，隨著煙氣上升，於是大家都說寧封火化後成仙了。從此，寧封便成了陶神，又叫「寧封子」、「寧封眞人」。

陶器的出現，是人類向自然界抗爭中邁出的一大步，具有重大意義。寧封是個傳說人物，陶器也不會僅是他一個人的發明創造，但在他身上集中了遠古人民的聰明才智，他成了集體智慧的代名詞。

古代的陶神不只寧封子一位，史書載有「庖羲（即伏羲）灼土爲壎」（壎，是古代土製樂器，形狀像雞蛋，有六孔，見《拾遺記》卷一），「神農耕而作陶」（《太平御覽》卷八三三引《周書》），「黃帝始作陶」（《路史·後紀三》注），「帝堯爲陶唐氏」（《世本》）和舜「陶河瀕」（《墨子·尚賢中》）的種種說法，伏羲、神農、黃帝和堯、舜也應該是陶神，但他們是傳說中的大人物，伏羲和神農是三皇中的二位，黃帝則爲五帝之首，堯和舜也是五帝中人。他們都是聖君，功名顯赫，不在乎讓出一點小榮譽，使一些小人物也能享受人間香火。

除寧封外，還有個陶神叫昆吾。《世本》說：「昆吾作陶。」據說，昆吾是五帝之一顓頊的後人，爲夏王燒製了第一批陶器，甚至說屋瓦也是他發明的，代替了房屋頂上的茅草。夏族爲陶器的創始者之一，昆吾是其傑出代表，自然被挑選出來敬神明了。

## 四三　陶瓷神

江西景德鎭爲我國四大名鎭（另三鎭是廣東佛山鎭、湖北漢口鎭、河南朱仙鎭）之一。中國陶瓷聞名世界，素有「瓷國」之稱，景德鎭則有「瓷都」之譽。早在北宋年間，朝廷派員在此監製御用瓷器，此後景德鎭的官窯專門燒製朝廷貢品，這裏一直是全國製瓷業中心。

明朝初年，朱元璋下令在景德鎭建立御窯廠，派督陶官常駐，監製瓷器解京，專供皇室之用。御窯廠規模宏大，分工精細，工藝高超，是我國燒造時間最長、規模最大、水平最高的官辦瓷廠。在御窯廠內，有一座風火仙廟，供奉著陶瓷業的保護神童賓。

童賓的故事發生在明代萬曆年間。當時太監潘相奉旨來此，督造一件特大瓷器。瓷器特別大，工藝特別難，工期特別短，這潘太監又特別窮凶極惡。如此「四特」，縱有「鬼斧神工」之技，成功猶然無望。而後數次試驗，都告失敗。窯工們挨打挨罵，還要餓飯。官窯上下，一片絕望。

童賓本是一位普通的窯工，但身懷絕技。此時也是叫天不應，呼地不語，滿腔悲愴，無法可施。每每夜宿窯外，難以成寐。或有人說，他一片焦心精誠，感動了上天，有神人夢中指點他，告訴他成功之法；或有人說，他從民間傳說中得到某種啓發，決心變口碑爲現實，以自己的身體做一次試驗；或有人說，他根據自己多年的製陶經驗，又有了新的奇麗傚美的臆想；或有人說，他決心以自己血肉之軀驚天動地，感化鬼神。不管怎樣，童賓作了一個壯烈的決定。來日燒陶到了最緊要的時刻，他對天三拜，然後虎嘯一聲，便向熊熊窯火中跳了下去。童賓死了，大瓷器燒成了！這一傳說載於乾隆《浮梁縣志》卷四。

工友們收拾其遺骨，埋葬在鳳凰山上。工友們不願相信也不肯相信他眞的死了。爲了寄託對他的崇敬和哀思，爲他在窯廠內修建了風火仙廟。從此，他就成了一位陶瓷業的行業之神。

到了清代，更有童賓「顯靈」的傳說廣爲流傳。於是，擴建了風火仙廟，當時的督陶使唐英還親筆題了「祐陶靈祠」的廟額，字用青花瓷板燒成，嵌於廟門之上。

中國行業神來歷甚多，出身甚雜。童賓是爲自己的同行們最感親近的一位神靈。他是一位成了神仙的普通人，又是一位有著崇高忘我精神和執著追求精神的神仙。

除景德鎭外，我國的瓷窯還有不少，一般也都建有窯神廟。這些窯神廟通常供有舜、老子、雷公、華光、陶正寧封子和金火聖母等。前三神請參閱本書〈窯神〉一節，陶正寧封子在〈陶神〉中已有詳細介紹，華光即馬天君、靈官馬元帥，其神通廣大，南方民間又將其視爲火神，故陶工奉之以仗其神力庇佑也。金火聖母也是一位投窯神，與風火仙師童賓、北京鑄鐘娘娘的傳說極為相似。傳說有一位叫嫣紅的姑娘為能讓父親按期燒出御用花瓶而投窯。皇帝聞之，稱其「神聖」，民間則尊其為「金火聖母」。

# 四四　蠶神

蠶姑　（清）

公元前的希臘著作中，把中國稱作「塞勒斯」（Seres），意思是「蠶絲之國」。中國是世界上最早養蠶和織絲綢的國家，並且在一個相當長的時期內，保持著這種地位。

大約在新石器晚期即五千年前，我國先民可能已經知道利用蠶絲了。到了商代，蠶絲業已很發達，甲骨文中不但有「桑」、「蠶」、「絲」、「帛」等字，而且從桑、從絲的字多達一百餘個，可見蠶絲影響之廣。

「男耕女織」是古代中國小農經濟的重要特點，種桑養蠶在這種經濟結構中佔有重要地位。古人既然早早學會了養蠶，自然渴望多多產絲和防止蠶桑病害，但在當時條件下，這些是人力所無法控制的，於是人們必要幻想出一個蠶神來，作爲精神寄託和行業保護神。

蠶神的來歷有幾種不同的說法。

蠶神是嫘祖。嫘祖本爲西陵之女，後來當上了黃帝的太太。劉恕《通鑑外紀》說：「西陵氏之女嫘祖，爲黃帝元妃，始敎民育蠶，治絲繭以供衣服，後世祀爲先蠶。」所謂「先蠶」，是指最先敎民育蠶治絲之神，故嫘祖又叫先蠶，亦稱蠶母。古代蠶農之家必祭祀嫘祖，嫘祖成爲農村婦孺皆知的大神。

蠶神是蠶叢、青衣神。周時，蜀地有個侯爺叫「蠶叢」，他的一雙眼睛很特殊，豎著長著，與一般人橫著長不同。蠶叢後來當了蜀王，他到處視察，敎給百姓種桑養蠶，鄉人感其德，便爲他立祠祀之。他的祠廟遍於西土，十分靈驗。蠶叢巡行郊野時，常愛穿一身青衣，百姓便俗呼之爲「青衣神」，把他出生的家鄉叫做「青神縣」。青衣神蠶叢屬於四川一地的蠶神。

蠶神馬頭娘。這是影響最大，流傳最廣的蠶神。相傳，黃帝打敗九黎以後，在慶功會上蠶神前來獻絲。這位蠶神像個仙女，披著馬皮飄然而降，手裏捧著兩束蠶絲，一束金色，一束黃色，獻給了黃帝。從此，細軟的絲絹代替了粗硬的麻布。

這位身披馬皮的仙女，就是蠶女馬頭娘。馬頭娘的傳說十分有趣，在《山海經》、《搜神記》、《太平廣記》等書中都有記載。是說一個姑娘的父親被強人擄走，女兒在家思念父親，不吃不喝。母親見了很心疼，就對鄰里們立下誓約說：「有那位能把我老伴救回來，我就把女兒嫁給他。」眾人無法辦到，家中一匹駿馬聽到此言，迅速跑出家門。幾天後，駿馬馱著老父回來，母女高興無比。此後駿馬悲鳴不已，不肯飲齕。父驚問其故，母以誓眾之言相告。父大怒，說：「哪有讓女兒嫁畜類的道理！」便將馬射死，把馬皮曬在院中。姑娘經過時，馬皮忽然蹶然而起，捲起她飛走，無影無蹤。

馬頭娘　（清）

過了幾天，姑娘和馬皮盡化爲蠶，在樹上吐絲。鄉親們便把此樹叫做「桑」，桑者，喪也，是說姑娘是在桑樹下獻身的。

父母親知道了，十分傷心。一天，忽見蠶女乘流雲駕此馬，身旁侍衛數十人，自天而降，對父母說：「天帝因我孝能致身，心不忘義，封我爲女仙，位在九宮仙嬪之列，在天界過得很自在，請二老不用再思念女兒。」說罷，升天而去。於是各地紛紛蓋起蠶神廟，塑一女子之像，身披馬皮，俗稱「馬頭娘」，祈禱蠶桑，十分靈應。

蠶神馬頭娘的傳說雖很離奇，但把蠶與馬扯在一塊，也有些內在原因。蠶的頭有些像馬，它常常將頭高高昂起，姿態似馬，而蠶吃桑葉的動作也極像馬吃草料。古人由事物形態的相似而引起聯想，很容易將蠶與馬扯在了一起。另外，蠶的生長過程中的神奇之處，也會引起古人大發奇想。一個蟻蠶發育到成蠶，一個多月裏體重增加了一萬倍。一個蠶繭不過幾公分長，抽出一根絲來，竟有一千四百公尺長！它由蟻成蠶，作繭自縛後，蛹化為蛾，破繭而出，獲得新生，簡直變化無窮。先民們普遍具有對「變形」的信仰，自然會幻想出馬皮披在少女身上而化為蠶的神話。再者，養蠶採桑主要是婦女們的工作，所以把蠶神描繪為女性，也是再恰當不過了。

蠶鄉中蠶神廟或印製的神碼像，一般都是一個女子騎在馬背上；也有的是一個女子端坐，身邊則站著一匹馬；也有三個女子共騎一匹馬的。稱呼也有多種，除馬頭娘外，尚有馬鳴王菩薩、馬明菩薩、蠶花娘娘、蠶姑、蠶皇老太等。

少數地區也有信奉男性蠶神的，叫做「蠶花五聖」。他盤膝端坐，長有三目（額中有一縱目），六隻手，其中兩隻手捧著一盤蠶繭，另外四手拿著其他一些東西。但也有把蠶花五聖當成馬頭娘的。

我國西漢以降，絲織品除供上層社會消費外，還有一部分通過西域運到了波斯、羅馬等地，爲豐富人類的物質文化，美化人們生活，作出了重大貢獻。飲譽世界的「絲綢之路」也將永垂千古。

# 四五　船神

船在古代是重要的交通運輸工具之一。人們爲了安全通暢，也找了兩位保護神，即孟公、孟姥。孟姥又稱孟婆。

唐人段公路在《北戶錄·雞骨卜》中云：

船神呼為孟公、孟姥，其來尚矣。梁簡文帝《船神記》云：「船神名馮耳。」《五行書》云：「下船三拜三呼其名，除百忌。」又呼為孟公、孟姥。

宋人袁文《甕牖閑評》卷五亦稱：

今小詞中謂：「孟婆且告你，與我佐些方便，風色轉吹個船兒倒轉。」「孟婆」二字不為無所本也。《北户錄》載段公路云：「南方除夜將發船，皆殺雞，擇骨為卜占吉凶，以肉祀船神，呼為孟翁、孟姥。」

這兩位孟公、孟婆的來歷不大清楚。有人認爲「玄冥爲水官，死爲水神。冥、孟聲相似，或云冥父冥姥，因玄冥也」。（《鑄鼎餘聞》卷四）有點道理，但也不大圓滿，聊備一說。過去行船（尤其是帆船）與風力有很大關係，孟婆又被附會爲司風的風神（已沒有孟公事了）。還有一個孟婆，爲陰間之神，則與船神、風神毫無關係了。

## 四六 馬神

舊時，北京城裏的馬神廟、馬王廟、馬祖廟有十來座。街以廟名，於是有了馬神廟胡同，乃至後來的馬神廟小學。馬神廟最著名者，當首推明代御馬監中的馬神廟。

明御馬監馬神廟在景山東街，廟內原有明正德年間和清康熙年間所鑄大鐘。御馬監是明代宦官十二監四司八局二十四衙門中重要機關，所掌乃御廏兵符等項，與兵部相關。後來一些太監「用事稍關兵柄者，輒改御馬銜以出，如督撫之兼司馬中丞」。這裏的馬神廟當然要比社會上的威風隆重得多。供馬神建神廟並非北京獨有，各地亦然。探究此信仰來歷，不能不追溯到原始宗教之動物崇拜。

原始民族把動物尊奉爲神加以崇拜，是一種普遍現象，各國皆然。在我國古代眾神中，就有許多動物神和由動物神演化的半人半動物的神靈。在著名古文獻《山海經》中，許多神靈皆與動物有關，而這些動物中，家畜馬、牛、羊、豬等又佔有很大比重。這些原來野生的動物，經人類馴化後，變爲家畜，與人類生活、生產發生了密切關係，成爲人們賴以生存的重要物質保證。正如費爾巴哈所說：「人之所以爲人，要依靠動物；而人的生命和存在所依靠的東西，對於人來說就是神。」（《費爾巴哈哲學著作選集》下卷四三八頁）以馬爲例，在《山海經》裏的神靈們常被描繪成或「人面馬身」，或「馬身而人面」，或「馬身而龍首」等。

馬最初是貢獻其血肉，使人充饑。但以後顯示了它更大更突出的用處：耕作，騎乘，運輸，征戰，成了人們的「左膀右臂」。所以，遠在周代，官方就規定了四時祭祀馬神的制度。周制，「以四時祭馬祖、先牧、馬社、馬步諸神」。春天祭馬祖，所謂馬祖，古人是指天駟星，即房星也。《孝經說》曰：「房爲龍馬。」龍馬是古代傳說中的瑞馬、俊馬。古人認爲房星是馬祖，「馬出明精，祖自天駟」。（晉·郭璞《馬贊》）春天是萬物始生之時，理當祭馬祖。

夏天祭先牧神。先牧是「始教人以放牧者也」，是最早把野馬馴化爲「家馬」的神。夏天牧草旺盛，正是放牧之時，理應祭先牧神。秋天祭馬社神。馬社，是「廄中之土示」，「皁廄所在，必有神焉」，馬需「賴乎土神以安其處所」。秋天正是馬入廄之時，理當祭祀馬社神。還有一種說法，馬社神是「始乘馬者」，就是第一個騎馬之人。（《周禮·夏官》）冬天要祭馬步神。所謂馬步神，是「爲災害馬者」，人還有個頭疼腦熱，馬當然也會生病乃至暴死。冬天，「馬方在廄，必存其神，使不爲災」，冬天祭馬步神，就是請神靈在廄中保佑。馬的用處，遠遠大於豬羊，但其養育與繁殖，卻遠比豬羊困難得多，所以要祈禱諸神以爲之助。爲了使馬繁衍旺盛，是以一年四季各有所祭之神。

隋、唐、宋、遼，歷代都有官方祭祀馬神的制度。明朝太祖朱元璋命祭馬祖諸神，在南京特命太僕寺主持。明成祖朱棣遷都北京後，馬上命令在蓮花池建馬神祠，由官方禮祭。由於統治者的提倡，民間也很流行馬神信仰，馬神廟遍布各地。特別要提到的，是明代的馬政。明代役中，有一項是「編民養馬」。明初養馬本是官牧，國家設有太僕寺、行太僕寺、苑馬寺和群牧監等機構，專門管理馬政，由軍隊養牧。但後來，內地撤銷了牧監，改爲「令民間孳牧」，開始是論戶養馬，後改成論丁（人）養馬，再改成計地養馬。給公家養馬的人家叫馬戶，養的馬瘦了，死了，甚至到期限沒懷上駒，都得罰錢、賠錢，再加上公差胥吏敲榨勒索，馬戶們苦不堪言。因此，馬戶們祭拜馬神，祈求馬神保佑自家養的馬又高又壯，以期順利交差。

到了清代祭馬神、馬王的風俗，興盛不衰，而且還規定了祭日：農曆六月二十三日。當時，「凡營伍及武職，有馬差者，蓄養車馬者，均於二十三日，以羊祭之」（《北平風俗類徵・歲時》）。這一天，馬車夫向乘客們漫天要價，要高出平日幾倍，車夫們美其名曰：「乞福錢」。

## 四七　蟲王（劉猛將軍）

蟲王爺　（清）

過去，在全國各地都有八蜡廟、蟲王廟和劉猛將軍廟。其實這三者是一碼事，所祀為同一神。八蜡本是周代每年農事完畢以後，在農曆十二月舉行的祭祀名稱。《禮記・郊特牲》載：「八蜡以祀四方，四方八成，八蜡不通，以謹民財也。」東漢鄭玄注云：「四方，四方有祭也。其方穀不熟，則不動於蜡焉，使民謹於用財。蜡有八者：先嗇（即先農神農）一也，司嗇（即最初發明耕作的后稷）二也，農三也，郵表畷（指田間房舍小道）四也，貓虎五也，坊六也，水庸（即水溝）七也，昆蟲八也。」

八蜡之神也有不同的解說，以後民間將其附會爲一種驅除蟲害、捍災禦患之神。此神到底是誰，眾說不一。大體有以下幾說。

㈠水鳥鶖。《夷堅支志》甲卷一載，紹興二十六年（一一五六年），金朝安徽、江蘇一帶即將秋收，忽然「蝗蟲大起」，未幾，有一種叫鶖的水鳥，成千上萬，啄食蝗蟲。不過十天，「蝗無孑遺，歲以大熟」。朝廷聞知此事，封鶖爲「護國大將軍」。

㈡劉猛將軍。清代袁枚在「新齊諧·鬼多變蒼蠅」中稱：「蟲魚皆八蜡神所管，只須向劉猛將軍處燒香求禱，便可無恙。」

這位劉猛將軍並非姓劉名猛，而是一位姓劉的猛將軍。他是哪位劉將軍，也有種種說法。

(1)劉韐。劉韐字仲偃，宋欽宗時，以資政殿學士出使金營，金人欲將其留用，劉仲偃不屈，自縊而死，是位有氣節的宋臣。故《清嘉錄》認爲他「爲神固宜」。

(2)劉錡。《如皋縣志》載：「劉猛將軍，即宋將劉錡，舊祀於宋。以北直、山東諸省常有蝗蝻之患，禱於將軍，則不爲災。」

(3)劉銳。《識小錄》稱：「相傳神劉銳，即宋將軍劉錡弟，歿而爲神，驅蝗江淮間有功。」

(4)劉宰。劉宰字漫塘，南宋光宗時人。清·王應奎《柳南隨筆》卷二：「俗傳死而爲神，職掌蝗蝻，呼爲『猛將』。江以南多專祠」。

(5)劉承忠。《鑄鼎余聞》卷三引《畿輔通志》云：劉承忠爲元末指揮使，有「猛將」之號，「江淮蝗旱，督兵捕蝗盡死。後因元亡，自沈於河，土人祠祀之。」

以上諸位，有些人據說與捕蝗有關（但正史本傳皆無載），有人（如劉韐）與捕蝗根本挨不上。其中的劉錡值得一說。

劉猛將軍　（清）

劉錡爲南宋初年抗金名將。甘肅靜寧人。他曾統率八字軍（全軍將士臉上皆刺上「赤心報國，誓殺金賊」八字）大破金兀朮的「鐵浮圖」和「拐子馬」，取得赫赫戰果，但卻奉命撤退，後受奸相秦檜排擠，被奪去軍權當了地方官。劉錡在任上整頓田畝，治理水患，爲百姓做了不少好事。面對昏君奸臣誤國禍民和金軍南侵，劉錡最終憂憤而死。

據《靈泉筆記》稱：南宋景定

四年（一二六三年），封劉錡爲揚威侯、天曹猛將之神，敕書除蝗。《怡庵雜錄》也說：宋淮南、淮東、浙西制置使劉錡因驅蝗，理宗封爲揚威侯，天曹猛將之神。清代學者阮葵生認爲劉錡「生則敵愾效忠，死而捍災禦患，其世祀也固宜」。

無錫南刊溝曾有劉猛將軍廟，廟聯說得好：

臥虎保岩疆，狂寇不教匹馬返；
驅蝗成稔歲，將軍合號百蟲來。

江蘇武進的劉猛將軍廟聯亦稱：

破拐子馬者此刀，史書麻扎；
降旁不肯以保稼，功比蓐收。

兩聯的上句都說的是劉錡抗金的功績，下句則說他滅蝗保稼事。聯語中的「旁不肯」是一種能消滅蝗蟲的蟲子（見宋人沈括《夢溪筆談》）。

中國是個農業國，古代要靠天吃飯，蝗蟲是農業的一大敵人，古人對蝗蟲無能爲力，只好乞靈於驅蝗神劉猛將軍、天曹猛將劉錡。至於把劉猛將軍說成是元末的劉承忠，那是清代的事，雍正年間皇帝還命有司致祭。清代是個極講政治忌諱的朝代，尤其以前期中期更甚，文字大獄接連不斷，統治集團的政治神經其實也脆弱得可笑。統治者既然有「文忌」，也當然會有「人忌」，劉錡大約即爲其一。清朝統治者爲金人後代，他們對抗金名將並大敗他們老祖金兀朮的劉錡，怕是有些耿耿於懷，至少不會歡迎。許多神雖然由民間「選舉」產生，但有的最終還得「欽定」才算數，好在老百姓有時也並不買這個帳。

除了劉錡，歷史上有個著名的治蝗好漢，他還是個高官，即唐玄宗時的宰相姚崇。一年山東發生嚴重蝗災，姚崇嚴斥一些人說蝗蟲是「神蟲」不能捕殺的謬論，命令山東官員發動百姓一齊滅蝗，他還提出了一些滅蝗的辦法，最終使山東避免了一場大災荒。姚崇雖未當上驅蝗神，但其滅蝗功績卻載入史冊，爲後人所傳頌。

舊俗，以正月十三日爲劉猛將軍誕辰，除官府致祭外，民間還舉行熱鬧的迎神賽會。以清代蘇州爲例：

相傳神能驅蝗，天旱禱雨輒應。為福畎畝，故鄉人酬答尤為心愫。前後數日，各鄉民擊牲獻醴，抬像遊街，以賽猛將之神，謂之「待猛將」。穹窿山一帶，農人舁猛將，奔走如飛，傾跌為樂，不為慢褻，名曰「迎猛將」。

元旦，坊巷鄉村各為天曹神會，以賽猛將之神，謂神能驅蝗，故奉之。會各雜集老少為卒隸，鳴金擊鼓，列隊張蓋，遍走城市，富家施以錢粟，至二十日或十五日罷。吳人事之甚嚴，累著靈異。

虔誠的人們，把自己的命運交給了神明。

——清・顧祿《清嘉錄》卷一〈祭猛將〉

## 四八　小兒神

中國民間神祇一般可分爲天神、地祇、人鬼三個系統。人鬼系統多是歷史上作出過卓越貢獻或某方面有一定影響的帝王將相、英雄人物、賢達智者，乃至能工巧匠，涉及面廣，包羅萬象。當然，其中也不乏傳說人物。這也反映了中國民間信仰的龐雜性和隨意性這一特點。有意思的是，在眾神之中，人們並沒有忘記兒童，特意爲孩子們立起一位「小兒神」。這就是傳說中孔子的「老師」、古代著名的神童項橐。

## ㈠項托為孔子師的歷史傳說

項橐，又作項托、項託。傳說他年僅七歲即爲孔子師，這種說法最早見於《戰國策‧秦策五》：文信侯（即呂不韋）欲攻趙以廣河間，使剛成君蔡澤事燕三年，而燕太子質於秦。文信侯因請張唐事燕。張唐辭……。甘羅曰：「臣行之。」文信侯叱去曰：「我自行之而不肯，汝安能行之也？」甘羅曰：「夫項橐生七歲而爲孔子師，今臣生十二歲於茲矣！君其試臣，奚以遽言叱也？」

西漢壁畫墓壁畫中的「孔子師項橐」（臨摹）

據考，甘羅說呂不韋事，在公元前二百三四十年時，距今已二千二百餘年，這一傳說十分古老了。但《戰國策》並未詳述項托何以爲孔子師的，僅「生七歲而爲孔子師」一句而已。

此後漢代著作中，也有不少記載了這一說法。如《史記》卷七十一〈樗里子甘茂列傳〉說「大項橐生七歲爲孔子師」。《淮南子》有兩處提到了項橐，記述也稍詳：

夫項托七歲而為孔子師，孔子有以聽其言也。以年之少為閭文人說，救敲不給，何道之能明也。

呂望使老者奮，項櫜使嬰兒矜。

——〈脩務訓〉

——〈說林訓〉

高誘對此注云，項托因「窮難孔子而為之作師」，使「孔子有以聽其言」。是說項櫜之能成為孔子老師，是因為與孔子詰難論辯了一番，但「窮難」的是些什麼內容，不得而知。

在晉·嵇康的〈高士傳〉中提供了一點線索：「項櫜七歲為聖人師。孔子問項櫜曰：『居何在？』曰：『萬流屋是也。』言與萬物同流匹也。」這可能是窮難內容之一，但太隱晦太簡單。

魏晉時期流傳著孔子與兩小兒辯日之遠近的故事，這一故事載於《列子·湯問》，十分有名，是以兩個小兒的智慧嘲笑了孔子的無知。大概受這一故事的影響和啓發，在隋唐時期出現有趣的《孔子項托相問書》，應運而生。

## ㈡《孔子項托相問書》及其流傳

隋唐時期出現的《孔子項托相問書》，是吸收了不少與孔子有關的其他人的故事（如子羽與孔子辯論），經過一千年的豐富、充實和發展而定型的，具有重要意義。

《相問書》並非是一部書，而是一篇二千字的文章。前半部爲近於賦體的敘事，後半部是近於唱詞的七言「詩曰」，以前一部分爲主體。

作品寫孔子東遊，路遇三個小兒，其中二小兒正打著玩，另一小兒沒有「參戰」，此即項托。孔子怪而問之，於是引起了一場「智鬥」。孔子一氣向項托提出了四十來個問題，涉及了天文地理、自然現象，乃至冶遊博戲、人生家庭、倫理道德，極其廣泛，項托卻對答如流，滴水不漏。孔老夫子佩服得連聲讚歎，連說了六個「善哉！」

接著，項托又問了孔子三個問題，孔子卻回答不出，最後只好說了句「後生實可畏也」，給自己找了個臺階下。

二人詰難辯說頗爲有趣，很像今天的「知識智力競賽」，茲引幾節與讀者共賞。

> 項托有相，隨擁土作城，在內而座。夫子語小兒曰：「何不避車？」小兒答曰：「昔聞聖人有言：上知天文，下知地理，中知人情，從昔至今，只聞車避城，豈聞城避車？」夫子當時無言而對，遂乃車避城下道。
>
> 夫子問小兒曰：「汝知何山無石？何水無魚？何門無關？何車無輪？何牛無犢？何馬無駒？何刀無環？何火無煙？何人無婦？何女無夫？何日不足？何日有餘？何雄無雌？何樹無枝？何城無使？何人無字？」

小兒答曰：「土山無石。井水無魚。空門無關。轝車無輪。泥牛無犢。木馬無駒。斫刀無環。螢火無煙。仙人無婦。玉女無夫。冬日不足。夏日有餘。孤雄無雌。枯樹無枝。空城無使。小兒無字。」

夫子曰：「吾車中有雙陸局，共汝博戲如何？」小兒答曰：「吾不博戲也。天子好博，風雨無期；諸侯好博，國事不治；吏人好博，文案稽遲；農人好博，耕種失時；學生好博，忘讀書詩；小兒好博，笞撻及之。此是無用之事，何用學之！」

小小項托以七歲之齡，能言善辯，機智靈變，對答如流，並富有哲理，不愧是位神童。上文所引第二節，形式又極像民間流行的「猜悶兒」（事物謎語），這也可看出作品中民間文學的影子。

《孔子項托相問書》問世後，即以其有趣的內容，通俗的語言，活潑的形式，贏得了群眾的喜愛，在民間廣泛流傳。僅在敦煌遺書就發現了漢文抄卷十三個，爲唐末五代時寫本。而且這一作品還被傳播到西域和吐蕃（藏族）地區，被譯成藏文，在敦煌遺書中即發現了三個藏文抄本。正如王重民先生所說，《孔子項托相問書》在敦煌所有俗文中，傳本最多，流傳亦最廣，不但流傳最廣，亦最長。這一作品流傳了一千多年，可見其生命力之强。

## ㈢「小兒神」在明清以後的影響

項托的成神不僅由於他是個能難倒孔聖人的罕見神童，還由於他的早夭。據說項托年僅十歲，便夭亡了，這不能不引起人們的惋惜。項托死後即被神化，成爲「先聖大王」和「小兒神」。

《孔子項托相問書》最後說：

二人登時卻覓勝，誰知項托在先亡。
夫子當時甚惶怕，州縣分明置廟堂。

大概秦漢時有些州縣已立有項托廟來祭祀他。到了明代，項托得到較爲廣泛的奉祀。明·黃瑜《雙槐歲鈔》卷六載：

保定滿城縣南門有先聖大王祠，神姓項，名托，周末魯人。年八歲，孔子見而奇之。十歲而亡，時人尸而祝之，號「小兒神」。

又明·董斯張《廣博物志》：

項橐，魯人，十歲而亡。時人尸而祝之，號「小兒神」。

「屍祝」原指古代祭祀時任尸和祝的人（即祭祀時司告鬼神之人），後引申爲崇拜意。項托是個難得的神童，夭亡後理所當然地受到人們的崇拜，並被立爲少年兒童們崇拜的偶像。

明代出現〈小兒論〉一篇，收在《歷朝故事統宗》、《東園雜字》等書中。內容與《孔子項托相問書》基本相同，可看出傳承關係，但〈小兒論〉也有增加內容，如結尾部分：

小兒曰：「天上零零，夫子知有幾星？」子曰：「適來問地，何得談天！」小兒曰：「地下碌碌，知有幾屋？」子曰：「只論眼前，何得談天說地？」小兒曰：「若論眼前，眉毛數得有幾莖？」夫子不答而去。故有後生可畏之語。

幾十年前，北京打磨廠寶文堂同記書鋪，還有鉛印本《新編小兒難孔子》出售，與敦煌本文字猶十同七八。

除了文字傳本以外，這一傳說故事還長期在民間口頭流傳。如河北、江蘇等地流傳的「拜師」故事，就與文字傳本基本一樣，但完全變成了口語，更爲生動活潑。

項托的故事是古代許多神童的集中體現，小小項托以自己的聰明才智難倒了中國第一號大

聖人孔老夫子，足以使千千萬萬的小兒引以驕傲和自豪，所謂「使小兒之疇自矜大也」！（《淮南子・說林訓》高誘注）

# 四九　獄神

山西洪桐縣蘇三監獄虎頭牢

中國是有造神傳統的國度，各種神明品種齊全，應有盡有。即使在監獄裏，也有所謂獄神存在。因年代久遠，古代監獄今天已多不復存在，獄神自然也不易見到了。但有一處獄神至今仍然安然無恙，他就在大名鼎鼎的山西洪桐縣蘇三監獄裏。

這座監獄的出名與京劇《玉堂春》的流傳有很大關係。劇中寫的是明代妓女蘇三（即玉堂春）與吏部尙書的公子王金龍之間的曲折愛情故事。其中有一折《女起解》，是演蘇三被誣殺人，囚於洪桐縣中之事。《玉堂春》原本取材於明代小說《玉堂春落難逢夫》，這一故事和戲劇的流傳，使得洪桐縣大獄——人們習慣叫它「蘇三監獄」，名揚四海。

這座監獄建於六百多年前的明朝初期，是我國保存最完整也是中國現存最早的監獄。可惜一九七三年被一夥愚蠢的當權派毀掉，十年後才又重新修復。蘇三監獄是指獄中的死囚牢，當地人俗稱「虎頭牢」。

死囚牢在普通牢房的南盡頭，迎面墻上畫有一個齜牙咧嘴的巨大「虎頭」，下面有個十分低矮狹小的門洞，恰似虎口。「虎頭門」僅高三尺，墻壁卻有八尺厚。雙門雙墻，堅固異常。進入此門，不僅要大彎腰，還得屈腿下蹲。牢門項上的「虎頭」，其實並非老虎，而是傳說中的猛獸——狴犴。明代學者楊愼說：「俗傳龍生九子不成龍，各有所好。……四狴犴，形似虎，有威力，故立於獄門。」古人說它「平生好訟」，所以把它的尊容畫在獄門之上。

「虎頭門」對面就有個獄神廟。說是廟，其實不過是在高墻的半腰裏，嵌著一個用砂石雕刻好的神龕，龕裏有磚刻的三尊小小的神像。中間坐著的是位老者，表情還算和善，兩旁是兩個小鬼，面目猙獰，鬼模鬼樣。中間的老者，即所謂獄神了。過去監獄裏有一條規矩，允許犯人們每天去參拜獄神。《女起解》中，解差崇公道要押送蘇三去複審，蘇三請求道：「請老伯稍等，待我參拜了獄神再走。」她的唱詞有幾句是：

低頭出了虎頭牢，
獄神廟前忙跪倒。
望求爺爺多保佑，
我三郎早日得榮耀。

獄中的犯人們叫天天不應，呼地地不靈，求告無門，只有可憐巴巴地把全部希望寄託在獄神身上。

皋陶　（明）

這位獄神到底何許人也？不少談蘇三監獄的文章，都說「不清楚」。這位獄神，應是堯時的大臣皋陶。有史書記載，皋陶是當時的最高法官，他制定了法典，用刑法斷決案件。漢・史游所撰《急就章》就載：「皋陶造獄，法律存也。」就是說，他是牢獄的首創者，是遠古聲名最著的刑獄之神。皋陶還是位清正的法官，史稱其「決獄明白，察於人情」（《淮南子·主術訓》），皋陶任大法官時，「天下無虐刑」（《白虎通·聖人》），實屬難得。

皋陶雖是傳說中的人物，但在不公平、無處伸冤的社會裏，卻被人們視爲公正之神，當作「救星」，希望他能爲小民們伸張正義，不受或少受迫害。可以說，皋陶是人民政治上的保護神。難怪蘇三們對他如此崇拜。

皋陶傳爲顓頊之子，堯（或舜）之大臣，安徽六安縣爲其封地，故六安又稱「皋城」。百姓感其功德，即在六安立祠祀之。皋陶祠原在城北，清乾隆年間移至城東八公里處。附近尚有皋陶墓，墓前高大墓碑上刻有「古皋陶墓」幾個大字。

宋代以後，也有不少監獄以蕭何爲獄神供奉。蕭何被尊爲獄神，是因其輔佐漢高祖劉邦建立了漢朝法制，制定了漢朝最重要的一部法典《九章律》，被稱爲「定律之祖」。蕭何亦曾作過刀筆吏。故史稱「蕭何定律令，平刑獄」（《西湖遊覽志》卷十六），也成了獄神。但蕭何的輩份要比皋陶小多了。

## 五十 梨園神

舊時，走進戲班子的後臺，常會見到戲班所供一個神龕，龕上寫著「翼宿星君」幾個大字，有的寫著「九天翼宿星君」。龕中有的無像，有的有神像，「高僅尺許，作白皙小兒狀貌，黃袍被體」（《夢華瑣簿》）。這就是戲曲界所祀之梨園神。梨園神到底是誰，眾說紛紜，主要有以下幾位。

二郎神楊戩（清）

## ㈠灌口二郎到底是哪位

明代大戲劇家湯顯祖在〈宜黃縣戲神清源祖師廟記〉一文中曾說：「予聞清源，西川灌口神也。爲人美好，以遊戲而得道，流此教於人間。訖無祠者。」說這位戲神是西川灌口神，他又稱作清源祖師。

清代著名戲劇家李漁在他的《比目魚》傳奇中，有一段臺詞特別是提到了戲行的祖師爺：「凡有一教，就有一教的宗主，二郎神是我做戲的祖宗，就像儒家的孔夫子，佛教的如來佛，道教的李老君。我們這位先師極是靈顯，又極是操切，不像儒家的教主，都是涵養不記人的小過。凡是同班裏面有些暗昧不明之事，他就會覺察出來，大則降災，小則生病生瘡。你們都要緊記在心，切不可犯他的忌！」

李漁認爲戲神是二郎神。李漁與湯顯祖是明清兩代戲劇大家，寫有不少優秀劇本，他們認識不少優伶，對戲曲行業當然十分熟悉，所以肯定有一些戲班奉灌口二郎神爲戲神。

二郎神民間極爲熟悉，《西遊記》中的二郎神楊戩，打敗了神通廣大的孫大聖，使其知名度大大提高，差不多是家喻戶曉了。但二郎神的名目卻很複雜，除了楊戩以外，尚有李冰、李冰之子李二郎、張仙、趙昱、鄧遐等。藝人們不可能將這幾位二郎神一塊供奉，到底哪一位才是戲神？

湯顯祖和李漁對此都未做具體說明，想來藝人們對自己的祖師爺，也是比較模糊的。《西遊記》與《封神演義》中的二郎神楊戩，雖傳說住在灌江口，又是玉帝的外甥，但其封號是「顯聖二郎眞君」，從未有「清源妙道眞君」的封號，況且他的形象是長有三隻眼，手使三尖兩刃刀，還有一隻神犬，這與戲神白面郎君的尊容，根本挨不上。楊戩似應排除。

再說二郎神鄧遐，歷史上實有其人，《晉書》有傳。據《浙江通志》，鄧遐「勇力絕人，氣蓋當時」，他是桓溫手下的名將。鄧遐曾在襄陽城北水中斬蛟，爲民除害出了名，「鄉人德之，爲立祠祀之。」但其所以稱二郎神，在當地二郎神廟中享受香火，主要因爲「其嘗爲二郎將，故尊爲二郎神」。鄧遐享用的二郎神廟在杭州城清忠里，斬蛟地點是在湖北襄陽的沔水，所謂「斬蛟」之類的傳說，大概與李冰斬蛟的傳說一樣，是因爲他爲百姓做了好事，治理過河流（鄧遐當過襄陽太守）。但鄧遐事跡影響不大，鮮爲人知。鄧遐既不享祀於灌口，非灌口二郎，又未被道教尊奉爲什麼「眞人」、「清源眞君」。鄧遐爲戲神的可能，也應該排除。

下面再說一下二郎神李冰父子。李冰是歷史一位治水英雄，是戰國時期水利專家，他是都江堰工程的最初設計者和督造者。據《史記・河渠書》載：「蜀守（李）冰鑿離堆，辟沫水之害，穿二江成都之中。此渠皆可行舟，有餘則用溉浸百姓饗其利。」

在《漢書・溝洫志》中，亦載其事，並明確指出這位蜀守就是李冰。都江堰工程是我國古代水利的偉大成果，體現了中華民族的古代文明。治水前的成都盆地，多災多難，古稱「澤國」；李冰治水後，「水旱從人，不知饑饉，沃野千里，世號陸海，謂之天府」。從此，四川成了有名的「天府之國」。

後世爲紀念李冰，爲其修祠，並將其神化。都江堰在灌縣境內，灌口神即由此得名。李冰被稱爲「灌口二郎」，以後二郎廟也不限於灌縣一地，全國許多地方都建有二郎廟祭祀李冰父子。但把李冰稱爲二郎，有些不倫不類，於是有人又說李冰有個二兒子叫二郎，還有把他們父子合稱爲二郎的。宋・曾敏行《獨醒雜志》說：

永康軍城外有崇德寺，乃祀李太守父子也。太守名冰，秦時人，嘗守其地。有龍為孽，太守捕之，鎖於離堆之下，有功於蜀。今人德之，祠祭甚盛。江鄉人今亦祠之，號曰灌口二郎。

這位有功於民的灌口二郎，後被巫覡所利用，尊他爲「川主」，即河川之神，並逐漸走上了戲曲舞臺。我國自古以來就有娛神的作法，李冰所處的時代，正是巫覡十分活躍的時代，故其「香火千年，蜀人尊爲川主，思其德而歌舞之宜也。」（清·楊潮觀《吟鳳閣雜劇·灌口二郎初顯聖》）

清代道光年間修纂的《遵義府志》有一條記載：歌舞祀三聖，曰「陽戲」。三聖：川主、土主、藥主也。

所謂「陽戲」，是一種假面儺戲，因所祀之神爲陽神，「三聖」是指關係著農民生產、生活的河川、土地、疾病的三位主神。灌口二郎既然走上了戲曲舞臺，因其「有著降龍的勇猛，庇佑的神威，干係著人們的生命和生活，地位自然要比其他伎藝的祖師如清音童子、鼓板郎君、梅花小娘、金花小姐乃至鐵板橋上二十四位老郎高得多，最後竟成爲統治舞臺的戲神了。」（《中華戲曲》第二期〈戲曲祖師二郎神考〉）

後來道教利用了灌口二郎，奉其爲「清源妙道眞君」，並將李冰換爲趙昱，以依附於人間帝王，於是趙昱又成爲戲曲之神了。趙昱是隋末人，曾做過嘉州太守，相傳他二十六歲時，曾入江斬蛟，被州人視爲神明。趙昱是被崇道的宋眞宗封爲「清源妙道眞君」的，此後的小說戲曲中之灌口二郎多指趙昱，元明雜劇《二郎神醉射鎖魔鏡》、《二郎神鎖齊天大聖》、《灌口二郎斬健蛟》等，所演皆趙昱。

至於說張仙（孟昶）爲灌口二郎，那是花蕊夫人懷念故主而哄騙宋太祖的說法，不足爲據（詳張仙一節）。與二郎神是兩碼事。

灌口二郎神爲戲曲界祖師爺，總有些模糊，有些牽强，不如後來的梨園教主唐明皇名正言順，影響廣泛。

梨園神唐明皇 （明・《梧桐雨》）

## (二)梨園子弟與老郎神

戲曲行當過去常稱作「梨園行」，戲曲演員也常稱作「梨園子弟」或「梨園弟子」。這裏面還有個典故。

白居易的不朽詩作〈長恨歌〉中，有這樣兩句：「梨園弟子白髮新，椒房阿監青娥老。」詩中提到的梨園，是唐代宮廷訓練和管理樂舞雜戲的專門機構。梨園的設置要歸功於風流皇帝唐明皇李隆基。《新唐書·禮樂志》載：「玄宗既知音律，又酷愛法曲，選坐部子弟三百人，教於梨園。聲有誤者，帝必覺而正之，號皇帝梨園弟子。」

梨園是唐明皇所設，地點在當時京城長安光化門（一說芳林門）外的禁苑中，園內有「梨園亭」，是供演奏樂曲用的；還有「會昌殿」，是唐玄宗親自按樂的地方。

梨園的主要職責是訓練樂器演奏人員，與專司禮樂的太常寺和充任串演歌舞散樂的內外教坊，爲鼎足而三的中央一級音樂機關。唐玄宗登基的第二年，即設立梨園，他從坐部伎中選出最優秀的男樂工三百人，又從宮女中挑選幾百名精通歌舞者，組成了一個龐大的皇家樂團。

唐玄宗李隆基是個極出色的文藝天才。梨園專習的《法曲》，是李隆基酷愛的音樂，曲子是由漢族清商樂與西域樂音結合而成，演奏時樂器種類很多，曲調優美動聽，並伴有令人如癡如醉的歌舞。玄宗親自爲樂工舞女們作曲，曲子節奏適宜，合於節拍。玄宗還善於打羯鼓，時常親自爲樂隊擊鼓。開元十一年（七二三年），一次宮中排練大型歌舞《聖壽樂》，宮女們穿著漂亮衣服，載歌載舞。李隆基見了十分高興，於是自己也穿上了舞衣，親自參加表演，並且親自參加指揮調度。在他的參與下，歌舞排練得很成功。李隆基簡直是個文藝全才，兼演員、作曲、指揮、導演於一身。

當時凡爲人所愛好的樂工，多出身於梨園。宮廷梨園由中官（太監）直接領導，是當時藝術水平最高的樂團。許多名噪一時的樂工，如琵琶聖手雷海青、箜篌妙音張野狐、神笛李謨、全能音樂家李龜年都聚集在這裏，可謂人才濟濟。梨園的樂工多是來自民間的藝人，經過嚴格選拔進入宮廷後，得以專心磨練演奏技能，又能互相學習，技藝得到精進，對唐代歌樂的發展起到了促進作用。唐玄宗（明皇）對此是有貢獻的。所以後世常將戲曲界稱爲「梨園界」或「梨園行」，戲曲演員則稱爲「梨園子弟」或「梨園弟子」，而唐明皇李隆基理所當然的被梨園行奉爲戲神——梨園神了。

梨園神又俗稱「老郎神」。清・錢思元《吳門補乘》云：

> （老郎）廟在鎮撫司前，梨園子弟祀之。其神白面少年，相傳為唐明皇，因明皇與梨園故也。……老郎疑即老童，為音聲之祖，郎與童俱年少稱也。

唐玄宗　（明）

可見，所謂「老郎」即「小郎」。在各地方言中，有時「老」爲「小」之暱稱，「小兒子」常稱「老兒子」、「老疙瘩」。玄宗是睿宗的第三個兒子，也就是「少子」、「小兒子」，符合「老郎」的稱呼。玄宗自己也常自稱「三郎」，即使當了皇帝以後也如是。他給樂工舞女排練時，常對那些練得不太熟練的人說：「你們要好好練，莫給三郎丟臉。」他的一些親隨也敢當面叫他「三郎」。安史之亂後，玄宗自蜀還，以駝馬載珍玩自隨。他聽到駝馬所帶鈴聲，忽有所感，對親信伶人黃幡綽曰：「鈴聲頗似人言語。」黃幡綽對曰：「似言『三郎郎當！三郎郎當！』」玄宗笑且愧之。這是優伶在嘲諷這位開元天子是個吊兒郎當的皇帝。梨園行所祀白面少年郎君，一般即指這位「郎當三郎」。

至於老郎神俗謂翼宿星君，顯然是受到道教影響。星君、眞君、靈官之類，是道教對神仙的稱謂，唐明皇也是位十分崇道的皇帝，把他說成是天上的星宿，藉以抬高其在人們心目中的地位，這也是行會的慣用手法。其實翼宿是二十八宿中南方朱雀七宿之第六宿，與戲曲行根本挨不上。

由於地區和劇種的不同，所祀戲神也有所不同，但以老郎神唐明皇最爲流行，這也反映了梨園行在舊時代爲了求生存，不得不請出一位風流皇帝來裝潢門面，抬高本行低賤的地位，並作爲本行保護神的社會現實。

## 五一 娼妓神

過去妓女供奉的神祇除通用神外，還有自己的專用神。一爲白眉神。明人沈德符在《萬曆野獲編》中說：是名白眉神，長髯偉貌，騎馬持刀，與關像（關公）略肖，但眉白而眼赤。京師相詈，指其人曰「白眉赤眼兒」者，必大恨，其猥賤可知。

管仲　（明）

娼妓對白眉神十分恭敬，「初薦枕於人，必與艾豭（老公豬，指嫖客）同拜此神，然後定情，南北兩京皆然也。」

這位白眉神的來路也不大清楚，徐珂的《清稗類鈔》說他又叫祆神：娼家魔術，在在有之，北方妓家，必供白眉神，又名祆神，朝夕禱之。

祆神爲祆教所祀神，祆教又叫「拜火教」，本是流行於古代波斯、中亞等地的宗教，南北朝時傳入我國，祆神即外國火神（也是智慧神）。

最早的娼妓神，據稱是春秋初期的大政治家管仲。清代紀昀說：「倡族祀管仲，以女閭三百也。」「女閭三百」事，《國策·東周策》有載：「齊桓公宮中七市，女閭七百，國人非之。」

本謂宮中設市，使女子居之，以便行商。爲了招徠顧客，取悅於人，這些女子就得出賣色相，這才使得「國人非之」。明人謝肇淛《五雜俎》卷八對此說的很明確：「管子治齊，爲女閭七百，徵其夜合之資，以佐軍國」。管仲不但是娼妓行當的始作俑者，而且大概是世界上官妓的鼻祖。在時間上比古希臘、近東等地出現的官妓都要早。於是，管仲也就當上了娼妓的行業神。

此外，舊時妓女還崇拜五大仙，所謂「五大仙」，是五種被尊爲「仙家」的動物，陳雨門《古汴娼妓血淚錄》說：五大仙是窯子（妓院）所敬的神，即刺蝟、老鱉、黃鼠狼、老鼠、蛇，合稱爲五大仙，敬於老板專設之密室。

妓女和老板們認爲這五種動物都極有靈性，家道生業的興衰、個人的平安與凶逆等，都取決於五大仙家的意志。

## 五二　窮神

舊時，北京阜成門和西便門兩門之間護城河外，大道之西半里遠，有一座小廟，高不過兩米稍餘，進深只有一米。這座寒酸小廟名不見經傳，地方史志不載，所以知道的人很少。這就是「窮神廟」。

窮神，是舊北京杠房伙計們供奉的神。所謂杠房，就是喪事儀仗店，即出租殯葬的用具和代爲安排儀仗鼓樂之類的鋪子。杠房伙計即杠夫，則是出殯時抬扛棺木的苦力。

杠夫主要有五種，分爲作活杠夫、出堂杠夫、下葬杠夫、打尺杠夫和抬靈杠夫。另外還有手執松獅、松亭、鶴鹿同春、黃鶯細狗、金瓜鉞等物的執事杠夫。過去出殯時，較窮的人家也要八人抬，這是頂少的杠夫。闊家主兒要用杠夫六十四或七十二人，甚至上百人，再加上打雜的、執事儀仗竟至數百人。

喪葬是古人認爲靈魂不死的產物，認爲人死後還會到另一個鬼神世界生活，所以我國古代講究「事死如生」，主張對死去的父母長輩，要像生前一樣對待他們。要照顧父母在陰間的衣食住行，就得隨葬大量生活用品，所謂「厚資多藏，器用如生人」。與其他各國相比，中國喪葬的一個重要特徵就是普遍厚葬、隆祭久祀。所以，舊時人們對出殯的排場極其重視，杠房這一行當便也久盛不衰了。

杠夫這一活計也並非一般「苦力」所能勝任，要經過嚴格的專門訓練。訓練時很有意思，抬杠六十四人或上百人，抬著一大木亭練習。抬時要在杠杆上放上十餘個盛滿水的盂盆，抬時忽快忽慢，還要遇到溝溝坎坎、曲曲折折，途中又要換班，杠杆上放著的盂盆不但不能掉下來，就是盂中之水也要涓滴不溢！眞可謂絕活兒特技。

杠夫這行「行頭」也很特殊：他們的「工作服」是一身花衣裳，不過這身花衣裳，即不是織花，也不是印花，而是拿顏料抹上的花，底色大多是綠的。帽子也挺有趣，黑氈帽上有個鳥翎，翎毛並不向下耷拉著，而是衝上，與清代當官的翎子正好相反。

過去抬杠的杠夫屬於下九流，最讓人看不起，收入很少，非常窮困。他們經常成群搭伙地住到天橋、關廂一帶的雞毛小店裏，幾十人一溜兒睡長炕，每宿三個銅子，沒錢也可以先賒帳。這些窮哥兒們，便也學著其他行業的樣兒，給自己塑了一尊保護神——窮神。窮哥兒們也有自己的神！

窮神廟中的神像，頭戴破氈帽，身穿破衣裳，手拿酒壺，醉眼乜斜，有點濟公活佛的味道，其實更像是杠夫們的自畫像。

## 五三　賊神

浙江紹興有座千年古刹長慶寺，清朝末年，寺裏的住持龍祖和尚還曾做過幼年魯迅的師父，後來魯迅特意寫了一篇〈我的第一個師父〉，回憶這位「花和尚」的破戒故事。

在長慶寺北向斜對面，是三座並排的祠廟，即財神廟、穆神廟和土地祠。財神廟和土地廟是流行廟宇，各處可見。只有這穆神廟卻有些陌生，頗爲稀奇。其實，一提它的俗稱，聞者便會恍然大悟，啞然失笑。原來這穆神廟的俗稱爲：「賊神廟」、「遷神廟」。廟裏供奉的是一位「賊神菩薩」——《水滸傳》裏的「鼓上蚤」時遷！這位「菩薩」是小偷小摸們頂禮膜拜的神明。

時遷盜甲　《水滸傳》插圖

說起偷摸，也稱得上歷史悠久，源遠流長。洪荒時代不好講，但大約有了人類社會以後，「原始掱手」就出現了，因爲人群中總有些好逸惡勞、遊手好閒之輩存在。到了春秋戰國時期，這一「行當」還挺走紅，一些神偷被許多大貴族所收用，甚至在政治角門中發揮了很大作用。

戰國時期，齊國的孟嘗君養士三千，其中不乏此類人物。有一次，秦昭王把孟嘗君軟禁在秦國，他想買通秦王寵愛的小老婆燕姬，正一籌莫展時，一位善偷的門客，自告奮勇裝狗從狗洞爬進宮中，學狗叫哄過警衛，把已獻給秦王的狐白裘偷出，轉獻給燕姬。燕姬馬上替孟嘗君說好話，他才得以獲釋。這幫人跑到函谷關，因天未亮，關門未開，又一個門客來了個「半夜雞叫」，鬧得群雞齊鳴，守關者以爲天要亮，於是大開關門，孟嘗君一夥才得以逃脫。這兩位爲孟嘗君立了大功，不過這類人的名聲並未改變，還留下個話把兒，叫做「雞鳴狗盜」。這一行還有個雅稱：「樑上君子」。這是後漢名人陳寔贈送的雅號。一天晚上，一個小偷溜進他的屋中，趴在房樑上，陳寔假裝不知，馬上把兒孫們喊到屋裏集合訓話。陳寔說：「人不可不自勉，不善之人，未必本惡，習以成性，遂至於此，樑上君子者是矣。」這位「樑上君子」聽了，大爲感動，馬上從樑上跳到地下，磕頭請罪。此事載於《後漢書·陳寔傳》。

歷代神偷不絕於書，明代著名市井小說集《二刻拍案驚奇》中，就專有一篇〈神偷寄興一枝梅 俠盜慣行三昧對〉，敘述了宋元時的幾位神偷傳奇故事，其中雖有不少誇張潤飾成分，但都有一些生活依據。民國時，京城神偷燕子李三的傳奇，更是膾炙人口。不過，歷代神偷中名氣最大的，莫過於《水滸傳》的時遷了。

書中說，時遷專幹那些飛檐走壁、跳籬騙馬的勾當，人稱「鼓上蚤」。只看他這個綽號，就可見其輕巧便捷的程度了。這位生得其貌不揚：

骨軟身軀健，眉濃眼目鮮。
行步如怪族，行步似飛仙。

他的拿手好戲則是：

夜靜穿墻過，更深繞屋懸。
偷營高手客，鼓上蚤時遷。

時遷在梁山好漢中本是個不起眼的小頭領，是負責「走報機密」的，排座次排在了八十多位，地位很低。但由於他的猥瑣滑稽和神偷絕技，在世俗中卻留下了深刻印象，知名度遠比一些大中頭領高得多。他最露臉的事跡還被編成了戲劇《時遷偷雞》和《時遷盜甲》，各劇種都來搬演。這樣一來，使得虛構人物時遷名聲大振，家喻戶曉，難怪世俗中的小偷小摸要把他奉爲神明了。

舊時紹興還有個有趣的習俗。家裏「著賊」即失竊以後，就用稻草紮個人，算是「賊」，「賊」身上再繫根繩子，由人牽著，另一個人拿了竹棍在後面一邊打草人，一邊大罵。罵的當然都是詛咒和警告威嚇一類的話。這一齣喜劇叫做「牽賊神」。

可笑的是，人們一面如此恨賊，惡狠咒罵，一面卻又尊爲神明，誠惶誠恐地爲其塑像立廟。當然來賊神廟頂禮膜拜，祈求保佑行竊時不被捉住或將竊物拿來酬神的，都是些樑上君子和雞鳴狗盜之徒，清白人家是不會來的。

大概「賊神廟」的名字太刺耳，所以有些地方的賊神廟便雅稱「穆神廟」、「時遷廟」或「遷神廟」。

# 後記

在我四十三歲生日來臨之際，終於可以奉獻給讀者一份薄禮了。雖然它還顯得粗糙，欠缺，不盡如意，但我是盡心盡力地做了，而且將來還可把它雕琢得更好些。

本書自約稿後動筆，至作此《後記》，歷時三十三月。一千天時間按說不算短，可惜，並不完全屬於我。盡職與盡孝子賢夫慈父的義務，要花去許多時間。那麼，其他業餘時都都是自己的了？也未必。舍下坐落在古都南城一個不起眼兒的、極其接擠的大雜院內。寓所爲一間書房兼客室兼全家起居室，雅號「寔靡居」。「寔靡居」者，十米居也。

只有夜深人靜，時間才眞正屬於我。如此算來，一千天其實是個虛數，在有效的「實數」裏，完成三十五萬字的耕耘，確實緊張得可以。這要感謝北京燕山出版社的總編輯劉珂理先生。本書從最初的設計到定型，從內容到寫法，一直得到劉先生熱情關心與支持。還要感謝我的這本書的責任編輯里功君，里君是位「催稿三郎」，沒有裏功加的拼命催索　，怕還要拖上兩年。

本書寫作也得力於著名學者周紹良師，與周師相識七年，在治學態度與方法上頗得教誨。我的第一篇宗教方面的長篇論文即在先生的指導幫助下完成的。周先生與張紫晨教授審閱了全部書稿，提出了中肯意見。舒蕪、朱家溍二老審了部份書稿。其中三位先生并爲掘著作序。任濤同志、劉建新同志也對本書進行了全面的審閱。黃苗子先生熱情地題寫了書名。書內揷圖，除本人搜隻外，尙得歷史博物館李之檀、李露露，世界宗教研究所張新鷹，中國民族圖書館胡琦峻，中國佛教圖書文物館凌海成、莊小明，中國青年出版社劉鐵柱、李斌等諸先生的無私幫助。內人李蘭全力解除我的後顧之憂，並協助整理材料，出力良多，堪稱內助。對以上諸位師友的幫助，深表感激。

馬書田

一九八九年三月於北京寔靡居

# 附錄一　華夏諸神誕辰一覽表（以農曆日期排列）

## 正月

初一　元始天尊聖誕
　　　彌勒佛（布袋和尚）聖誕（一作初二）
初二　孫正眞人（孫天醫誕）
初五　路頭神（財神）誕
　　　定光佛聖誕（一作初六）
初六　清水祖師誕
　　　九天玄女聖誕（一作二月十五）
初八　白衣觀音聖誕
　　　江東神誕
　　　五殿閻羅王誕

初九　玉皇大帝聖誕
　　　漢閩越王誕
十一　太均娘娘（保嬰送子）誕
十三　劉猛將軍（蟲王爺）誕
十四　順懿夫人（順天聖母）誕
十五　上元天官大帝誕
　　　張天師（張道陵）誕
　　　門丞戶尉誕
　　　佑聖眞君誕
　　　臨水夫人（陳靖姑）誕
　　　金天娘娘誕
　　　三一教主誕
　　　盤古大王聖誕（一作十月十六日）
十六　三王公（古公三王）誕
　　　開臺聖王誕
　　　門神誕
十九　長春丘眞人誕

二十 招財童子誕
廿五 滿族倉稟神誕

## 二月

初一 一殿秦廣王誕
初二 濟公菩薩誕
福德正神（土地爺）誕
初三 文昌帝君（梓潼神）誕
初八 三殿宋帝王誕
張大帝誕
十二 百花娘娘誕
十三 葛眞君誕
十五 太上老君聖誕（一作七月初一）
岳武穆王（岳飛）誕
開漳聖王誕（一作二月十六）
十八 王陽眞君誕
十九 觀音菩薩聖誕

廿一　普賢菩薩聖誕
廿三　廣澤尊王誕（一作八月廿二）
廿四　都龍王誕
廿五　元天明眞君誕
廿六　眞武大帝聖誕（一作三月初六）

# 三月

初一　二殿楚江王誕
初三　王母娘娘聖誕
　　　北帝聖誕
初四　乳星娘娘誕
初五　禹王爺誕（一作三月廿八）
　　　送子娘娘誕
初六　眼光聖母誕（一作四月廿日）
初七　何仙姑誕
初八　六殿卞城王誕
十五　保生大帝（吳眞人）誕

趙公元帥誕

醫靈誕

十六　準提菩薩聖誕

十八　中岳大帝聖誕

十九　太陽星君聖誕

朱天大帝祭日

二十　註生娘娘誕

廿三　天后娘娘（媽祖）聖誕

廿六　鬼谷先師誕

廿七　七殿泰山王誕

廿八　東嶽大帝聖誕

造字先師（倉頡）誕

廿九　土地公誕

## 四月

初一　八殿都市王誕

初四　文殊菩薩聖誕

初八　佛祖釋迦牟尼聖誕
　　　九殿平等王誕
　　　牛王誕（壯族）
初十　葛仙翁誕
十三　天尹眞人誕
十四　呂純陽祖師誕
十五　鍾離祖師誕
十七　十殿輪回王誕
　　　金花夫人誕
十八　北極紫微大帝聖誕（一作十月廿七）
　　　華佗神醫仙師誕
　　　大王菩薩（霍光）誕
廿一　托塔李天王誕
廿四　朱天菩薩誕
廿五　武安尊王誕
廿六　鍾山蔣公誕
廿八　神農先帝聖誕（一作四月廿六，壯族爲三月三日）

## 五月

初一　南極長生大帝聖誕
初二　梅山福主誕
初五　藥王誕（一作四月廿八）
初七　巧聖先師（魯班）誕（又作六月十三、十二月廿日）
初八　龍母聖誕
十一　城隍誕（又作二月十二、廿二，五月十二日，七月廿四日等）
十二　炳靈公誕
十三　關聖帝君誕
二十　丹陽馬眞人誕

## 六月

初一　韋馱誕（一作初三）
初六　龍母娘娘誕
　　　楊泗菩薩誕
　　　土地公誕（壯族）

崔府君誕
初十　劉海蟾誕
十一　田都元帥誕
井泉龍王誕
十二　彭祖誕
十四　文殊菩薩聖誕
十五　王靈官誕
十六　馬仙誕
廿三　火德眞君（火神爺）誕
廿四　財神誕
雷祖大帝聖誕
廿六　二郎星郎誕（一作廿四）
廿八　南嶽大帝誕（一作十二月十六）

## 七月

初一　七星娘娘誕
初六　康元帥誕

## 八月

初七　魁星誕
　　　五福菩薩誕
　　　織女誕
初十　鐵拐李誕
十三　大勢至菩薩聖誕
十五　中元地宮大帝聖誕
十八　王母娘娘聖誕（一作三月初三）
十九　值年太歲星君誕
廿一　普庵祖師誕
廿二　財帛星君誕（一作二月十一）
廿四　草聖大王誕
　　　鄭仙誕
廿七　玉清黃老誕
廿八　馬元師誕
三十　地藏王聖誕

初一　許旌陽眞君誕
初二　妙海眞君誕
初三　北斗星君聖誕
　　　九天司命灶君誕
初五　雷聲普化天尊聖誕
初十　北嶽大帝誕
十五　太陰星君（月娘）誕
　　　伽藍爺誕
十八　酒仙誕
　　　潮神誕
十九　天皇誕
廿二　燃燈古佛聖誕

## 九月

初一　南斗星君誕
　　　飛天大聖誕
初三　五瘟誕

初五　斗姆元君誕（一作初九）
初九　臨水夫人誕
　　　中壇元帥（太子爺）誕
　　　火神爺誕
　　　酆都大帝聖誕
　　　九皇大帝聖誕
十三　孟婆神誕
十七　金龍四大王誕
　　　蚱蜢將軍誕
十八　倉聖先師誕
廿二　太乙眞人誕
　　　增福財福誕
廿六　五顯靈官誕
　　　瘟神娘娘誕
廿八　華光大帝誕
廿九　藥師佛誕（一作三十日）

## 十月

初一　三田都千歲誕
初三　三茅眞君誕
初五　達摩祖師誕
初十　水仙尊王誕
　　　張果老誕
十二　齊天大聖（孫悟空）誕
十五　下元水官大帝聖誕
十八　地母娘娘誕
廿三　周倉將軍誕
廿五　感天大帝（許眞人）誕

## 十一月

初六　西嶽大帝誕
初七　八臘神誕
十一　太乙救苦天尊聖誕
十七　阿彌陀佛聖誕

十九　九蓮菩薩聖誕
廿三　張仙誕
廿七　董公眞仙誕

## 十二月

十二　蠶花娘娘誕
十五　溫元師誕
十六　福德正神誕
廿一　多寶佛誕
廿二　重陽王祖誕
廿九　華嚴菩薩誕
三十　廁神（紫姑）誕

〔注〕諸位神明本屬子虛，其誕辰自然也由人定。因地區不同，傳說有異，神誕日亦不盡相同，尚有少量重覆。

# 附錄二　與諸神相關的民俗節日一覽表（以農曆日期排列）

## 正月

初一　接神。放爆竹，以避山臊惡鬼。
迎喜神（山門走喜神方）。
祭五聖菩薩（每月初一、十五）
初二　祭財神。
初三　祭天地神。
初五　接財神（迎五路財神、關帝）。
初八　祭拜「順星」（本命星辰）。
拜仙姑（八、十八、廿八共三日）看參星日。
羅列仙節
初九　祭天公（玉皇大帝）。

迎九娘神。
十三 祭劉猛將軍（蟲五爺）
十四 迎紫姑（廁神）。（也有在正月十三或十五）
十五 上元節，祭天官大帝。燈節。
拜喜神日。
十六 中幡聖會
十九 燕九節
廿三 喇嘛「打鬼」。

## 二月

初一 中和節，祭太陽星君。
初二 祭土地公。
花神會。
十五 三都廟會（祭祀徐王廟）。
涅槃節（佛祖涅槃日）

## 三月

上旬 清明鬼節，上墳掃墓，祭拜眾鬼。
初三 蟠桃會，紀念王母娘娘。
上巳節，去江邊洗滌污濁，以消災除邪。
初十 中嶽廟會
十五 白族「三月街」（觀音市）。
廿三 天后宮（媽祖廟）「皇會」。
廿八 東嶽會。

## 四月

初八 浴佛節。
放生會。
公曆 傣族潑水節。
廿五 白族觀音會。
廿八 藥王會。

## 五月

初一　城隍出巡。

初五　端陽節。掛鍾馗像、天師像，以驅鬼祟。

十三　關帝會。

祭關帝日（又齊月廿四日、九月十三日）

十五　瘟之帥會（又作四月十一日、六月廿五日）

廿一　靈寶天君誕

## 六月

初六　蟲王節。

天貺節（寺院曬經，信女翻經「轉男身」）。

十六　魯班節。

十九　觀音會（觀音菩薩成道日）

廿四　祭雷神。

## 七月

初七　乞巧節，祭牛郎織女星。

七娘會。
拜魁星。
十二　地獄開門日。
十四　目連節。
祀檐神（防小兒疾）。
十五　中元節，拜三界公（天官、地官、水官）。鬼節、燒紙節，普度孤魂。
盂蘭盆節。
痲姑節。

## 八月

初三　華佗會。
灶君會。（灶王爺生日）。
十四　五娼會。
十五　中秋節，拜月神娘娘（太陰星主）。

## 九月

初一　禮拜北斗日（一日至九日）。

## 十月

十五　下元節，祭水官大帝。
　　祀陳十四娘娘。

## 十二月

初一　跳灶王。（至廿四日）
初八　臘八節（佛祖成道日）。喝臘八粥（「佛粥」）。
十七　祭窰神（或十八日）。
廿三　祭灶（也有在廿四日）。
廿四　送灶神。
廿五　接玉皇。（玉皇下界之辰）
三十　換門神。
　　迎灶王下界（接灶）。
　　諸神下界日。
三十　地藏節。

# 附錄三　重要神祇及其相關寺廟一覽表

## 俗　神

**月下老人**

杭州西胡白雲庵月下老人祠

**和合二仙**

江蘇蘇州寒山寺

**碧霞元君**

山東泰山极頂碧霞元君祠

北京海澱碧霞元君廟（西頂）

北京金頂妙峰山娘娘廟

**張仙**

天津天后宮張仙閣

**文昌帝君**

四川梓潼縣文昌宮
北京頤和園文昌閣
江蘇揚州市文昌閣
貴陽市文昌閣
湖南祁陽縣文昌塔

**魁星**

昆明龍門達天閣石殿
福建永春縣奎峰山魁星岩

**麻姑**

江西南城縣麻姑山
西川酆都名山麻姑洞

## 關公

山西運城解州關帝廟
山西運城解州常平村關帝祖祠
臺灣新竹縣青草湖后山普天宮
臺灣臺南開基武朝
臺灣臺南祀典武廟
山西定襄縣北關關王廟
湖南湘潭市關聖寺
福建東山縣城岣嶁山武廟
河南周口市關帝廟
湖北當陽縣關陵
河南洛陽市南關林

## 天后（媽祖）

福建莆田湄州媽祖廟
天津天后宮
福建泉州市天后宮（天妃宮）
臺灣雲林縣北港媽祖廟（朝天宮）
臺灣臺南市大天后宮
臺灣臺北市北投關渡宮

**魯班**

天津薊縣魯班廟
香港魯班古廟

**倉頡**

陝西白水縣史官鄉倉頡廟、倉頡墓

**杜康**

陝西白水縣杜康廟
河南汝陽縣杜唐村杜康造酒處

河南伊川縣杜康廟

**陸羽**

江西上饒市廣教寺陸羽泉

湖北天門市陸羽亭

**保生大帝**

福建龍海縣白礁慈濟宮

臺灣臺北保安宮

臺灣臺南學甲慈濟宮

**藥王**

河忠安國藥王廟

北京崇文區藥王廟

陝西耀縣藥王山

西藏拉薩市藥王廟（藥王山）

**三霄娘娘**

湖北武當山金頂、南岩宮、紫霄宮

**獄神**

山西洪洞縣蘇三監獄

〔注〕以上所列僅爲有代表性或有特點的寺廟，一些小神或家庭供奉的俗神未列在內。

# 部分參考書目

老子《道德經》
《山海經》
西漢・劉安《淮南子》
東漢・應劭《風俗通義》
東漢・蔡邕《獨斷》
六朝《漢武帝內傳》
東晉・葛洪《抱朴子》、《神仙傳》
東晉・干寶《搜神記》
南朝梁・宗懍《荊楚歲時記》
唐・玄奘《大唐西域記》
唐・慧琳《一切經音義》

唐·段成式《酉陽雜俎》
北宋·孫光憲《北夢瑣言》
《太平廣記》「神仙」部、「神」部
北宋·普濟《五燈會元》
北宋·張君房《雲笈七籤》
北宋·高承《事物紀原》
南宋·洪邁《容齋隨筆》
南宋·孟元老《東京夢華錄》
南宋·趙彥衛《雲麓漫鈔》
南宋·曾敏行《獨醒雜志》
南宋·周密《齊東野語》、《武林舊事》
元·趙道一《歷世眞仙體道通鑑》
元末羅貫中撰、明馮夢龍增訂《三遂平妖傳》
明刊本《三教源流搜神大全》
明·徐道《歷代神仙通鑑》
明·黃瑜《雙槐歲鈔》
明·吳元泰《八仙出處東遊記》（《東遊記》）

明・余象斗《北方眞武祖師玄天上帝出身全傳》（《北遊記》）
《五顯靈官大帝華光天王傳》（《南遊記》）
明・郎瑛《七修類稿》
明・田汝成《西湖遊覽志》
明・王世貞輯《列仙全傳》
明・梅鼎祚《青泥蓮花記》
明・胡應麟《少室山房筆叢》
明・羅懋登《三寶太監西洋記通俗演義》
明・沈德符《萬曆野獲編》
明・楊爾曾《韓湘子全傳》
明・鄧志謨《呂仙飛劍記》
明・煙霞散人《斬鬼傳》
明・雲中道人《平鬼傳》
明・劉侗、于奕正《帝京景物略》
明・明刊本《土地寶卷》
《鸚哥寶卷》
清・顧炎武《日知錄》

清·屈大均《廣東新語》
清·趙吉士《寄園寄所寄》
清·汪象旭《呂祖全傳》
清·褚人獲《堅瓠集》
清·呂熊《女仙外史》
《古今圖書集成·博物匯編·神異典》
清·李調元《粵東筆記》
清·周賓所《識小編》
清·沈起鳳《諧譯》
清·翟灝《通俗編》
《日下舊聞考》
清·俞樾《茶香室業鈔》
清·顧祿《清嘉錄》
清·李慶辰《醉茶志怪》
清·平步青《霞外捃屑》
清·王有光《吳下諺解》
清·無名氏《桃花女陰陽斗傳》

清·無垢道人《八仙得道》
清·姚福均《鑄鼎余聞》
清·黃斐默《集說詮眞》
清刊本《玉歷至寶鈔》
清福保《佛學大辭典》（一九二二年）
胡朴安《中華全國風俗志》（一九二三年）
許道齡《北平廟宇通檢》（一九三六年）
徐肇瓊《天津皇會考》（一九三六年）
望雲居士《天津皇會考紀》（一九三六年）
李家瑞《北平風俗類征》（一九三七年）
〔日〕多田貞一《北京地名志》（一九四四年）
王重民等編《敦煌變文集》（一九五七年）
丁山《中國古代宗教與神話考》（一九六一年）
〔臺〕李叔還《道教大辭典》（一九七九年）
趙景深《中國小說叢考》（一九八〇年）
朱家溍《武當山》（一九八十年）
任繼愈主編《宗教詞典》（一九八一年）

莊一拂《古典戲曲存目匯考》（一九八二年）
（臺）宋龍飛《民俗藝術探源》（一九八二年）
朱天順《中國古代宗教初探》（一九八二年）
李正心《大足石刻漫記》（一九八三年）
李孝友《昆明風物志》（一九八三年）
薛後《少林寺珍聞實錄》（一九八三年）
李劍國《唐前志怪小說史》（一九八四年）
袁珂《中國神話傳說》（一九八四年）
王明《道家與道教思想研究》（一九八四年）
《中國美術全集・民間年畫》（一九八四年）
鄭石平等《中國四大佛山》（一九八五年）
張紫晨《中國民俗與民俗學》（一九八五年）
卿希泰《中國道教思想史綱》（一九八十年、一九八五年）
張綏《宗教古今談》（一九八五年）
周叔迦《法苑談叢》（一九八五年）
史旺成《五台山史話》（一九八五年）
翁偶虹《北京話舊》（一九八五年）

袁珂《中國神話傳說詞典》（一九八五年）
魏開肇《雍和宮漫錄》（一九八五年）
秋浦主編《薩滿教研究》（一九八五年）
楊玉潭等《五台山寺廟大觀》（一九八五年）
《神話　仙話　佛話》（一九八六年）
宗力、劉群《中國民間諸神》（一九八六年）
何新《諸神的起源》（一九八六年）
任騁《七十二行祖師爺的傳說》（一九八六年）
〔日〕鎌田茂雄《簡明中國佛教史》（一九八六年）
馮修齊《寶光寺攬勝》（一九八六年）
馮驥才編《話說天津衛》（一九八六年）
白化文《佛寺漫遊》（一九八六年）
薄松年《中國年畫史》（一九八六年）
李門、姚玉樞《「鬼城」遊考》（一九八六年）
任騁《藝風遺俗》（一九八七年）
葛兆光《道教與中國文化》（一九八七年）
丘桓興《中國民俗採英錄》（一九八七年）

王家佑《道教論稿》(一九八七年)
(日)窪德忠《道教史》(一九八七年)
林悟殊《摩尼教及其東漸》(一九八七年)
程曼起《諸神由來》(一九八七年)
鄧端本等《岭南掌故》(一九八七年)
喻松青《明白蓮教研究》(一九八七年)
鄭傳寅、張健等《中國民俗辭典》(一九八七年)
張松如《老子說解》(一九八七年版)
白化文、邵伯人《佛陀菩薩羅漢天王》(一九八七年)
覃光廣《中國少收民族宗教概覽》(一九八八年)
冉紅《鬼城傳奇》(一九八八年)
劉志文《煙酒茶俗》(一九八八年)
湯一介《魏晉南北朝時期的道教》(一九八八年)
方立天《中國佛教與傳統文化》(一九八八年)
《寶寧寺明代水陸畫》(一九八八年)
《中國美術全集·寺觀壁畫》(一九八八年)
曾召南、石衍豊《道教基礎知識》(一九八八年)

惠西成、子石編《中國民俗大觀》（一九八八年）
葉春生《岭南風俗錄》（一九八八年）
蔡大成《中國神話學文獻目錄》（稿）
《世界宗教研究》一九七九年～一九八八年
《民間文學論壇》一九八二年～一九八八年
（注：書中所引佛、道經書有關論文，在文內已注明，因數量較多，茲不贅錄。）

國家圖書館出版品預行編目資料

民間俗神／馬書田著 -- 第一版.
--新北市:風格司藝術創作坊, 2012.03
面； 公分
ISBN 978－986－6330－29－2
1.民間信仰 2.神祇 3.中國
272 101001983

民間俗神

作 者／馬書田
發行人／謝俊龍
出 版／風格司藝術創作坊
106 台北市新生南路三段88號7樓之5
編輯部 Tel：（02）2364-0872 Fax：（02）2364-0873
總經銷／紅螞蟻圖書有限公司
114 台北市內湖區舊宗路二段121巷28號4樓
Tel：（02）2795-3656 Fax：（02）2795-4100
http://www.e-redant.com
E-mail：red0511@ms51.hinet.net
出版日期／2012 年 03 月 第一版第一刷
定 價／250元
劃撥帳號／ 16039160 知書房出版社
網 站／http://www.facebook.com/shufang.zhi
E-mail ／ mrbhgh@gmail.com
※本書如有缺頁、製幀錯誤，請寄回更換。



ISBN 978－986－6330－29－2 Printed in Taiwan